AF423691

Mireille Felix & Mireille Challier

Jaloux est son Nom

Correspondance

Spiritualité

Préface :

C'est une histoire d'amour.

Un soir, un homme est parti, un homme est resté.

Et puis un autre soir, bien plus tard, celui qui est resté a reçu un paquet. Dans le paquet, une croix et des lettres. Et aussi quatre mots : votre frère est mort.
D'abord, il n'a retenu que cela.
Puis il a lu les lettres.
Puis il y a répondu.

C'est une histoire d'hier ou d'aujourd'hui, je ne sais pas. Une histoire à deux voix, intime. Il convient peut-être de faire silence, fermer la porte de la chambre, laisser la nuit se poser au carreau…
Peut-être faut-il la goûter prudemment, du bout des yeux, du bout du cœur…

Jaloux est son Nom

Lettre I

Mon frère,

Pardonne mon trop long silence. Je remets de jour en jour ce devoir de répondre à ton attachement, et la douceur de te parler me révèle enfin combien cette séparation m'est douleur, bien qu'elle soit de mon fait, et combien j'ai eu tort d'atermoyer. Je te promets que je te rejoindrai autant que faire se peut, malgré les retards et les hasards de ma route, pour t'en partager le fil.

Il est très tôt. Le premier soleil entre par la fenêtre et touche devant moi une planche enluminée qu'un frère m'a donnée en me priant de la garder comme un signe, et non comme un bien : un voile clair s'écarte devant un ange vêtu de rouge et d'or, qui, de sa main gauche, touche l'oreille d'un prophète.

Voilà. Cette image peinte, ce rien, est peut-être une réponse. Pourquoi suis-je parti ? Quelle est cette folie qui m'a fait te quitter, me séparer de tous mes biens, de toutes mes amitiés, pour venir ici ?

Rassure-toi, je n'ai pas vu d'ange et je ne suis prophète en rien. Non. Mais un jour, il m'est apparu que Dieu était, qu'il était amour, et qu'il était vérité.

Cela, je te l'ai dit avant mon départ. Et pourtant, tu ne l'as pas compris.

Tu disais : et mon affection, je suis de chair et de sang, nos rires, nos soirées au coin du feu où nous partagions le vin et le pain, et les châtaignes grâlées, les chemins boueux que nous parcourions avec émerveillement, stupéfaits de la générosité de cette belle terre de Vendée, combes fertiles, débordantes, sources pures... et puis les algues, les algues en fleurs au lit du Loing, et ces nuages crémeux cloués sur la colline aux ailes des moulins, et puis... et puis le rire blanc des filles de la Launière qui nous voyaient passer...

Mon besson, je ne puis rien te répondre, si ce n'est le Pain et le Vin, l'eau et le sang versés... cet amour jusqu'au bout, pour toi, pour moi, il en est mort, comprends-tu, il est mort pour nous rendre libres, pour que nous puissions le choisir, je n'ai pas pu lui dire non. Comment l'aurais-je pu alors qu'il m'appelait. Il était tout mon désir.
Tu l'ignorais. Il me faut t'avouer qu'alors, je l'ignorais aussi.

Je nous vois encore, tout éclaboussés de lumière, et quelle lumière, dans cette brume fine dont la rivière nimbait le moulin, au début du jour, riant ensemble de quelque plaisanterie, heureux... te souviens-tu ? Nous allions chercher du sable, en avons-nous ramené... tu étais alors plus bâtisseur que meunier, au dam de notre père. Tu as dû terminer le pigeonnier, à présent, et le porche que tu rêvais...

Ici, la terre est brûlée au moindre vent. La roche affleure partout, grise et dorée de lichens, et l'eau est rare, bien trop rare. Chaque bout de toit, chaque clin des chemins est prétexte à citerne, il en est même à ras du sol, ventrues comme des bouteilles pour cueillir les précieuses pluies d'été.

Je parcours inlassablement la forêt mais ne va surtout pas imaginer nos belles forêts, nos chênes immenses et fiers : ici, les arbres ne sont grands que de leur vie, tassés et voûtés, et si nobles de cette vertu opiniâtre qui les fait s'arrimer à la pierre et tirer subsistance de la moindre veine de terre rouge.

En ce printemps, tout est en fleurs, cerisiers et pruniers ensemble, avec les buis et les épines, et quelques cornouillers qui tardaient dans les fonds. Le temps est trop doux, la sève jaillit aux cimes des jeunes frênes, et déjà la vigne bourgeonne. Le frais de la nuit ne suffit pas à calmer cette ardeur. Nous craignons les gels d'avril, mais qu'y pouvons-nous à part prier Dieu de nous donner un printemps clément, malgré sa précocité...

Cet après-midi, je me suis rendu au puits brûlé. Je pensais à toi en regardant cette pente nue, rocailleuse, qui est maintenant vêtue de fleurs menues, humblement rayonnantes de la beauté dont Dieu les a parées, et je m'émerveillais comme nous le faisions autrefois de cette vie pleine, admirable et secrète, née du désert.

Qui se penche, qui découvre cette splendeur si ce n'est Dieu lui-même, qui la sait quand l'été craque et flamboie, quand le gel gomme jusqu'à la moindre trace de leur existence, qui les rejoint dans leur fragilité et admire la perfection de leur calice ?

Je pensais à toi, je pensais au sourire de cette fille que tu aimes, me dis-tu, et que tu désires épouser, je pensais à cet amour attentif de Dieu pour vous, et à cette vie également pleine, admirable et secrète, qu'il vous a confiée. Il n'oublie rien, la plus humble de ses créatures est l'objet de ses soins, il en sait la vie et la mort, et toi, tu lui es plus cher encore, toi qui riais quand je te parlais de lui, et qui désignais la terre autour de toi dans un grand geste : ça ne te suffit pas ? et me secouais d'une bourrade : s'il nous a donné tout cela, c'est pour vivre avec, et tu riais encore : alors profite de la vie et remercie-le en lui donnant ton dimanche !

Oh, mon frère, cela ne me suffisait pas. Rien de toute cette beauté ne peut me combler.

Le comprendras-tu ? Rien de toute cette abondance de biens ne peut me détourner de ce chemin qu'il me montre. Rien de toutes ces merveilles ne saurait remplir mon cœur. Il n'est que lui. Lui seul. Qu'il soit me suffit.

Que puis-je te dire d'autre ? Il est toute la cause pour laquelle je suis parti. Toute amitié, tout amour, toute beauté, j'y ai renoncé. À moi-même, je renonce chaque jour davantage, mais le comprendras-tu, plus j'avance dans cet anéantissement de mes affections et de mes joies, plus il me comble, et plus il me comble de toutes les joies.

Je suis parti en laissant ma vie entière derrière moi, avec pour seule raison l'amour, et cet amour, je m'en suis dépouillé aussi parce que je m'y voyais attaché au sens où je le voulais pour moi, alors, mon besson, je lui ai tout rendu, jusqu'au rien, j'ai tout jeté en lui, et là, il m'a tout donné. Lui, mon Seigneur et mon Dieu.

Donnadieu, ne pleure pas, ne crois pas un instant que je t'aie oublié, que je t'aie renié, que mon affection pour toi en ait perdu une once de sa force. Elle n'en est que plus pure, plus grande, et plus forte. Il n'est pas un jour où tu ne sois dans mes prières, où je ne craigne de t'avoir blessé, où je ne t'en demande le pardon et où je ne prie notre Seigneur de t'éclairer afin que tu saches que ton jumeau est heureux, qu'il t'aime, même s'il t'aime en Dieu d'abord, et qu'il n'avait d'autre choix que de le suivre, et de le suivre par la Croix.

C'est un chemin tout simple, un pas après l'autre, rien de grand, rien de difficile, il ne nous demande rien d'autre que nous-mêmes, que craindrions-nous puisque de tout temps nous sommes à lui ? Ne nous connaîtrait-il pas ? Le psalmiste ne le dit-il pas ? Et des profondeurs de la Genèse n'entendons-nous pas cette plainte du Père qui nous cherche dans le jardin, qui nous vêt, qui nous aime jusqu'à nous laisser libres ? Libres de nous éloigner, de dilapider notre héritage ou de le choisir, lui, et de demeurer avec lui ?

Voilà, mon frère : un jour, je marchais sur le chemin du gué, il faisait grand beau temps, je ramenais pour toi deux belles anguilles, je m'en souviens, et j'ai entendu cette plainte du Père au jardin. Je l'ai entendue et je ne me suis pas caché. Cette plainte m'a percé le cœur, je suis tombé à genoux, le panier s'est renversé et les anguilles ont filé, bien sûr, mais j'ai dit : je suis là. Je crois qu'il y avait des larmes sur mes joues, je n'en suis pas sûr, mais j'ai entendu : bien-aimé, viens...
Vois-tu, je ne pouvais pas dire non, je ne pouvais pas blesser son cœur, et j'avais tellement soif, j'étais si pauvre sans lui...

Cela, je te l'ai dit, déjà, peut-être mal, tu as compris que je voulais te quitter, mais je ne le voulais pas, j'aimais cette belle terre, et le rire des filles de la Launière... mais lui, qui dira sa peine, qui dira la solitude de son cœur, qui dira notre refus d'être aimés de lui, qui dira ce don infini de lui-même qu'il nous fait inlassablement par son Fils, et par son Esprit.

Tu vas me dire que tu sais tout cela, on te l'a dit, mais le vis-tu ? Et si tu le vis, tu sauras me pardonner parce que tu le suivras, toi aussi, là où il te désire. Et si tu le suis, tu vivras de son amour, et seulement de son amour, tout le reste est surcroît. Et si c'est ainsi, quelle merveille !

J'espère que, bientôt, je pourrai te rendre visite. En attendant ce jour béni, je te prie de pardonner mon départ, et mon silence. Tu peux m'écrire aux bons soins du prêtre de cette paroisse, il me fera parvenir ta missive, c'est chez lui, déjà, que ce mot où tu m'annonçais tes fiançailles a fini par arriver, par quelque heureux miracle.

Que le Seigneur te bénisse et te garde,
Ton frère en Christ et ton besson.
Dieudonné.

Ah, mon frère !

Quelle émotion cet envoi a fait naître en moi. Je n'ai pu lire qu'une seule lettre tant celle-ci m'a remué et meurtri le cœur. Je me sens à si grande distance. Où es-tu parti, mon frère, que je me sente ainsi ? Le lien qui nous unit est si tendu que la seule pensée que j'ai de toi suffit à le faire vibrer.

Tu es parti si loin, et moi qui suis demeuré !
Et c'est moi qui me semble perdu.
Tu es sur un chemin qui m'est inconnu, je ne peux l'emprunter tant il exige de légèreté !

Je sais que tu ne me liras pas, mais te répondre est ma façon de te dire que tu es vivant en moi...

Lettre II

Mon frère,

Nous sommes aujourd'hui dans la montée vers la Pâque. Je priais, et j'ai eu envie de te partager un peu de ces temps bénis. Bien sûr, tu n'auras ce courrier que dans longtemps, ces jours seront enfuis, tu seras déjà au chaud de l'été quand tu liras mon printemps et je n'aurai de tes questions que celles que j'inventerai, dans l'attente des tiennes. Mais que veux-tu, la vie m'a appris comme à toi que demain n'est qu'un possible, et le fragile de notre humanité veut que nous saisissions sans attendre l'occasion d'aimer.

Ce goût que j'ai de te parler encore me semble ouvrir un espace nouveau où je te rencontre en vérité, selon le désir de mon Seigneur, et non suivant le désir de ma chair. Tu trouveras donc mêlés en ces mots la douceur du souvenir, tout mon attachement, et le fil de mon amour pour Dieu : ce qui emplit ma vie ne peut que jaillir au risque de te lasser, si fort est son désir en moi de te retrouver comme son enfant précieux qu'il cherche avec cet amour de préférence qu'il a pour chacun.

Ne crains pas de m'en faire reproche, ne crains pas de crier que tu ne vois en lui que celui qui

m'a détourné de notre amour, comme tu l'as fait déjà en me montrant le ciel, ce jour d'orage.
T'en souviens-tu ?

Les nuages glissaient au ras des frênes bleus, les peupliers ployaient sous les rafales d'ouest. Et puis le silence. Tu avais la main levée, tu criais : je ne veux pas d'un Dieu jaloux ! de toute ta jalousie, et le vent s'est tu d'un coup, ta voix a claqué trop fort, tu en es resté pétrifié, tu as laissé retomber ta main, vaincu. Et quand j'ai levé les yeux sur le ciel, les nuages immobiles se brodaient d'or et de pourpre et j'ai su que j'étais tout à lui.

L'orage a déferlé d'un seul jet, brûlant et craquant, foudre bleue, vent boutoir qui nous a jetés sous le porche, tu m'étreignais avec force mais je t'ai repoussé, pardonne-moi mon frère, pardonne-moi ! Ma main s'impatientait, je t'ai écarté presque violemment, je m'en souviens, je vois encore ton regard, cette douleur dont j'étais cause, oh mon Dieu ! Comment ai-je pu ! J'ai couru loin de toi comme si tu m'étais un danger, et tu l'étais !
Tu l'étais... tes bras m'étaient des chaînes... Peux-tu le comprendre ?
Ton amitié m'était alors comme un piège...

Depuis un temps déjà, je pensais à suivre notre Seigneur, et lui seul. Et ton rire revenait au creux de ma prière, toute ta belle raison d'homme me retenait ici, dans la chaleur de ce rire.

Je me souviens...

Je priais à chaque solitude. Mes genoux cherchaient la terre, mon cœur aspirait à Dieu, mon âme buvait sa présence comme une terre altérée. Je me voyais alors toute attente, tout désir, mes pas me conduisaient souvent au profond des clos, chaque silence lui appartenait. Il me semblait que les anges veillaient jusqu'au jour où je lui ai dit, non plus je suis là, mais je viens. Vois-tu, je lui donnais ma vie, là où elle était, simplement, et il y était premier... mais un jour de soleil, je me suis levé et je l'ai suivi là où il allait. Il disait alors : mon royaume n'est pas de ce monde... passe de l'autre bord...
Ce jour-là, j'ai entendu, j'ai dit oui, et je suis allé.

Ce jour-là, il est devenu tout.
Non pas toute ma vie, mais tout. Simplement. Sur l'instant, ce fut d'une très grande clarté, une certitude transparente, la journée a passé ainsi, hors du temps me semble-t-il, mais le soir alors que mon cœur cherchait à l'écouter mieux, ton rire est venu prendre toute la place, et le corps velouté de cette fille que nous taquinions ensemble derrière la haie, semblables jusque dans les élans de notre chair, dans le chaud de la Saint-Jean.

J'ai encore en moi les traces de ce feu. Je n'osais plus alors baisser les paupières. Chaque prière, chaque silence, chaque soupir vers Dieu faisait renaître irrésistiblement l'intimité de nos vies, les plaisirs partagés, la douceur de nos discussions et l'âpreté joyeuse du travail qui nous épuisait parfois... Je parlais alors, je répétais son Nom, j'ignorais ces images... elles me blessaient, frère, elles me blessaient... mais elles ne m'arrêtaient pas. J'avançais sous le fouet sur les pas de notre Seigneur...

Je ne sais pas si tu peux comprendre. Un esprit raisonnable tendrait à dire que c'était avertissement, que je n'avais pas à souffrir ceci et que ma vie était tracée dans ce fond de bocage que j'aimais, et qu'à travers mes errements de jeune homme, le Seigneur lui-même me rappelait à ma condition d'homme et me présentait la prétention de mon désir d'être à lui.

Un prêtre me l'a dit. Ce saint homme m'a présenté sans vaines paroles l'orgueil qu'il me voyait de croire que Dieu me voulait pour sien. Je l'ai écouté. J'ai renoncé pour un temps à prier à chaque occasion de solitude. Je n'étais que repentir, douleur, crainte. Tu m'as cru, alors, atteint de quelque désespoir d'amour que je t'aurais caché, t'en souviens-tu ?
Qu'aurais-je pu te cacher de tangible ? Nous étions si semblables ! Dieu, je ne te l'ai pas caché alors même que je t'en savais blessé, et

aujourd'hui, je ne te cacherai rien parce que tu m'es plus cher encore. Ce serait trahison.

En renonçant à cette intime oraison à la demande de mon confesseur, si mon esprit était plongé dans une profonde affliction, toute image m'avait déserté. Je ne craignais plus ton rire, ni le rappel de notre amitié... Exilé de Dieu, je considérais avec une sorte de désespoir fatal que ma vie continuait. Comprends-tu ? Toi qui aimes, pourrais-tu te réjouir de vivre loin de ta bien-aimée, même si cette vie est douce ?

Tout me conduisait à penser que le saint homme avait raison. Notre père prévoyait de me partager de bonnes terres, notre voisin Martin envisageait d'un œil favorable mon union avec sa jeune sœur Marie, qui dans l'élan de sa jeunesse, voyait en moi un enviable parti. Son visage d'ange et ses yeux clairs avaient tout pour me plaire, et s'il n'y avait eu cette nostalgie brûlante qui m'habitait de me donner à Dieu tout entier, j'aurais pu l'aimer, peut-être.

Un jour, un soir plutôt, je m'étais éloigné de ta sollicitude. Je me rendais donc à la métairie sous quelque prétexte, et en traversant le gué, je suis tombé à genoux. Toute force s'était retirée de moi, il ne restait que la douleur de cette remontrance :

« Que fais-tu ? Pourquoi t'éloignes-tu de moi ? »

Cette voix, je la connaissais, ces mots, ils m'accablaient. Je me suis écroulé dans la boue, j'ai pleuré toutes les larmes de mon corps, j'ai imploré son pardon tant il m'apparut à ce moment que mon scrupule avait nourri en moi cette forme d'orgueil si particulière de nous croire indigne de notre Dieu, et de refuser sous prétexte de sagesse l'amour de notre Seigneur qui vient chercher lui-même ce qui est perdu.

Te dire l'accablement qui me saisit est impossible : je marchais et la vaillance m'avait abandonné au premier obstacle ! Je bénis ce saint prêtre de m'avoir si bien révélé ma faiblesse, non pas dans sa remontrance, mais dans l'effet qu'elle fit où se cachait sans doute tout mon manque de foi et mon désir secret de garder ma vie pour moi.

Ce me fut une leçon salutaire. Dans sa tendresse, mon Seigneur permit que je voie, que je comprenne, et qu'ainsi fortifié à la découverte de ma faiblesse, (je dois dire de mon péché, ce péché commun qui nous veut saints d'abord, sans lui, avant de nous présenter à son amour), je puisse me relever et marcher vers lui, puis en lui, par sa grâce.

Ce soir-là, je suis resté longtemps agenouillé près du gué, trempé, glacé sans en avoir conscience, plongé dans un silence adorant qui me retirait du monde.

Dans la nuit, je suis revenu à moi et j'ai écouté. Je n'entendais que le vent dans les aulnes. Je voulais prier encore, remercier, écouter, adorer, mais ce vent emplissait toute ma pensée, chuchotant, tressant ensemble des voix et des souffles troublants. J'ai fermé les yeux, la lune faisait miroiter le gué et en creusait les berges de puits ombreux qui me gênaient. J'ai fermé les yeux, j'ai voulu prier, mais le vent était au creux de ma prière, il en dispersait les mots avec violence, c'était une violence vraie, des images confuses, déchirées, qui défilaient sans ordre derrière mes paupières, dans une rumeur de tempête.

J'ai ouvert les yeux à nouveau, tout entier habité d'une seule pensée, Dieu ! Aller à lui, le rejoindre coûte que coûte !

Les images m'encerclaient, visages livides, ombres inquiétantes, et ce vent, oh mon frère, ce vent peuplé d'esprits inconnus qui me faisaient trembler ! Je ne l'oublierai pas, ce combat qui n'était qu'en moi, âpre, sans appel, ma peur me débordait, elle m'était comme une muraille, mais je ne lui concédais rien, j'étais là et je priais comme un chêne pris dans la tourmente qui résiste malgré tout, et puis cette image... Quelle rage !

Ce souvenir me laisse presque souriant. J'ai traversé ce jour-là un feu glacé qui se nourrissait de mes peurs...
La rage contenue dans cette dernière image n'était qu'à la hauteur de l'impuissance de celui qui la signait. Je ne la décrirai pas. Sache seulement, mon frère qu'elle m'a bouleversé jusqu'à la moelle des os et que ce déferlement de violence et de haine m'a fait jeter en Dieu au-delà de ma peur.

Cette nuit de l'autre côté du gué, à quelques pas de toi qui dormais au moulin, fut celle qui me sauva. Ce fut celle aussi qui me sépara de toi. En jetant en lui tout mon être, j'ai choisi. Je suis passé de l'autre bord...

Cette nuit dont je te parle, tu dois t'en souvenir, car tu m'as ouvert ta porte bien avant l'aube. Tu m'as attiré vers le feu que tu as découvert et ravivé d'une poignée de paille et de menu bois, en me sommant de me dévêtir. Je craignais que notre mère ne nous entende, mais tu m'as assuré que seul un rêve étrange t'avait réveillé en te laissant la certitude qu'il y avait quelqu'un derrière la porte, et qu'il serait seul à le savoir. Je ne t'ai rien dit, alors, de ce qui m'amenait à toi, boueux et glacé. J'étais resté encore un long temps au bord de l'eau, jusqu'à claquer des dents sans relâche, ne sachant où aller : la métairie m'était interdite, il était bien trop tard, et toi qui étais si proche, je ne savais

comment t'éveiller sans troubler toute la maisonnée et avoir à m'expliquer. Il aura fallu des années pour que je te dise pourquoi tu m'as trouvé ainsi, défait, grelottant et brûlé de la certitude que je devais partir.
Je te blessais. Je le voyais. Je n'expliquais rien, je ne faisais alors que répéter, je pars, je dois partir, il appelle. Tu me croyais fou ou pris de fièvre, mais que pouvais-je te dire d'autre... ?

Donnadieu, quel beau nom que le tien. Je le répétais dans mon cœur, donne à Dieu, donne-moi à Dieu sans crainte, je ne veux pas te blesser, je ne veux que ta joie mais je suis à Dieu, déjà, donne-moi à lui qu'il ne me prenne pas à toi... Je le pensais. J'ai souvent prié cela, aussi. Et je suis bien certain que tu l'as fait tant il y a de sourire dans mon cœur !

Dans cette fin de carême, j'implore ton pardon, et celui de nos parents. Il me semble que ne doit subsister entre nous que la joie et la paix de notre doux Seigneur. Il me semble que nous devons la recevoir en plénitude, enfin, qu'il n'y ait rien de souillé, de dévié, qui détourne si peu que ce soit la lumière de Dieu. Un rien suffit, une empreinte sur du verre, une ride sur l'eau, pour déformer sa volonté, pour le défigurer, lui, le plus beau des enfants des hommes, notre Seigneur Jésus-Christ. N'ajoutons pas à sa Passion... nous le faisons si souvent sans même nous en rendre compte.

Prie pour moi, mon frère, si tu le veux bien, mes péchés sont innombrables comme les cailloux du causse, et les paroles de saint Paul, je peux les reprendre à mon compte à chaque seconde : je fais le mal que je ne veux pas et je ne fais pas le bien que je veux ! Et pourtant, à chaque seconde il me relève, il me reçoit malgré tout, avec tout...

Mon jumeau, mon frère, nous avons été nourris au même sein, mais toi tu vas ensemencer le monde de ta vie, tu vas faire naître de beaux enfants, faire fructifier la terre et moudre le grain avec équité, de tes mains va jaillir la farine claire, et chacun pourra faire cuire le pain de son labeur et du tien. Merveille... merveille que tes mains de bâtisseur et de meunier, merveille que ton amour pour ta promise, merveille que la fécondité de ta vie d'homme et d'époux, merveille que cette terre qui te porte...
Je ne suis à côté de toi qu'un passant, un passeur peut-être, qui vit d'une inaccessible lumière... Je ne peux qu'offrir, offrir sans cesse l'amour du Père, offrir le Corps et le Sang de son Fils, offrir le Souffle qui me conduit... Je ne suis rien à côté de toi, et je ne suis rien devant lui.
Dieu peut-être nous a fait double pour que nous le servions ainsi : l'un tout occupé de veiller à sa création, et l'autre tout à ses pieds, inutile et paisible, et pourtant si semblables... Veut-il ainsi nous montrer que chacun peut être en lui-même

Marthe et Marie, contemplatif activement, attentif à la vie et tout orant, assoiffé de son cœur transpercé et dévoué aux amours humaines ?

Je suis parti ce matin-là, avant que la maisonnée ne s'éveille, te laissant le soin de prévenir chacun, lâchement, alors même que je voyais la peine te couler des mains, et cette question qui demeurait sans réponse, pourquoi ?

D'un coup, c'est cela.

J'ai tout laissé. J'aurais laissé ma vie s'il l'eut fallu : je voyais devant moi une route nue qui allait à lui, je voyais la Croix qui éclairait cette route d'une lumière inégalée, je voyais ces mots peints sur le ciel : ma Sagesse, c'est la Croix, ma Gloire, c'est de servir...

Je me tais à présent. Je me plais à t'imaginer dans le frais du soir à terminer quelque ouvrage, peut-être panser la jument, clore le portail ou rentrer le bois du lendemain pour alléger la charge de notre mère, et je la vois, elle, qui te sourit et sert la soupe de ce geste ample et tranquille qui lui est familier, sous le regard attentif de notre père. Cette simple évocation de nos soirées d'hier m'est douceur. Mais tu ne parles pas de Germaine, dans cette lettre qui m'est arrivée. Comment va-t-elle, la

petite Germaine ? Est-elle fiancée ? Mariée ?
Comment va-t-elle, notre petite sœur aimée ?
Comment vont-ils tous, là-bas ?

Ici, tout est silence. Il bruine. Tous les
parfums du Causse se déplient autour de ma
cabane. La profondeur des nuits de printemps te
plairait. D'ici peu, les rossignols vont en prendre
possession, et les crapauds, et les grillons... Ils
sont mes compagnons, nous partageons le
velouté du ciel et la tiédeur de la pierre. Les
arbres prient avec moi...
Le temps de cette terre est un temps suspendu,
chaque jour est neuf et éternel.
Ma lampe va s'éteindre, elle vacille et s'accroche
à la pierre nue des murs. Le moment est venu
d'entrer en silence. C'est au silence que je puise
ma vie.

Mon frère, je t'en prie, prends dans ta vie
du temps pour le silence, c'est là que tu
entendras Dieu.

Je lis ta seconde lettre, je ne sais si ce que j'ai lu, je l'ai bien lu, car la colère est montée comme lait sur le feu. Qu'est-ce que ça veut dire : se donner à Dieu ?

Et qui est celui-là qui te tourne et te retourne comme crêpe dans sa poêle brûlante ? Cette colère en forme de lame de fond me submerge, je ne peux plus respirer, je me débats, je me noie.
Dis-moi simplement que tu es habité par une passion, de celle qui sacrifie tout, comme un aventurier pour l'ailleurs, un marin pour l'immensité océane...
Je ne peux pas le supporter : ne peut-on aimer Dieu à travers sa création et ses créatures ? Doit-on pour cela s'en séparer ?
Je suis en révolution. Non, je ne veux ni voir ni entendre, je veux être aveugle et sourd comme un forcené. Tu m'expliques, mais peut-on dire la mer à un des plaines ?

Ah, tout en nous est responsable. Un souffle et tout bascule. La suite, je la sais déjà : tu m'as ferré comme un poisson. Je suis dans ta main, haletant et effrayé, vaincu, hors de mon univers d'eau pour entrer dans l'air qui brûle mes poumons, plus aucun cri ne sortira de ma bouche, je serai en attente, ni poisson, ni oiseau, mais quoi ?
En quoi ta lutte me concerne-t-elle ?
Elle m'est douleur, comme celui qui se fait dévorer le foie, attaché à un rocher.

Ton âme vibre jusqu'à moi...

Jésus séparait déjà les hommes des leurs
pour qu'ils le suivent...
Et ne me demande pas de te pardonner... tu
as glissé entre mes doigts ouverts. À Dieu
vat !

Pierre de douleur dans ma poitrine.

Mon frère,

Hier, la rumeur du monde est parvenue jusqu'ici, bruit de guerre comme un vent mauvais. Il n'est point de terre si reculée que la folie des hommes ne puisse y déferler.

Mon frère, ne te commets pas dans des oeuvres de mort, garde-toi de donner prise au pouvoir et à la haine, et garde-toi encore de tomber dans ce piège plus fin qui est le désir du bien à tout prix, je veux dire de croire que tu peux prendre les armes au nom du Christ, comme je l'ai entendu il y a quelques jours. Il n'a pas besoin de tes armes, il n'a besoin que de ton amour, de ta vie et de ton cœur. Il a besoin de ta confiance en lui.

La simple contemplation de sa Passion peinte au mur de notre église suffit à le comprendre. Il n'est point besoin de savoir lire. Il n'est besoin que de considérer son visage, la douleur de ses yeux, cette sainte Face toute blessée, toute transfigurée de la Gloire de Dieu, toute défigurée du malheur des hommes.
Male heure que celle qui voit l'homme se dresser contre lui-même, et pécher à pleins poumons sans voir qu'il inspire la mort alors que l'Esprit lui est offert...

...Esprit-Saint, souffle vivant de Dieu... notre souffle, celui qui nous a été offert de tout temps, souffle premier du Père dans les narines d'Adam, qui est venu habiter la glèbe et lui donner vie, souffle qui nourrissait les prophètes et relevait les ossements épars... souffle exhalé par notre Seigneur sur la Croix pour nous faire vivre de sa vie...

Oh mon frère, mon ami, mon si proche, l'entends-tu, le sens-tu, ce souffle divin qui vient réanimer nos âmes lassées, vivifier nos corps, inonder notre conscience de l'amour du Père et du Fils tout ensemble. Le vois-tu baigner le monde de l'or invisible de la gloire de Dieu, reposer sur le cœur des aimés, protéger les humbles de son ombre, et se présenter pour porter au Père le rachat des pauvres, comme ces deux colombes que Marie et Joseph sont venus offrir au temple pour le rachat de leur premier-né. Loi née de Dieu à laquelle Dieu lui-même se soumet. Quelle merveille, et quel enseignement : lui d'où jaillit la Loi, lui qui est plus grand que la Loi puisqu'il l'enfante et l'accomplit, vient s'offrir au travers de cette Loi qu'il contient tout entier...
Vertige !

Qu'appelons-nous miracle si ce n'est le parfait accomplissement de la Loi qu'il nous a donnée ! Et pourquoi me suis-je étonné quand, posant les mains sur cet enfant muet avec mon cœur déchiré d'amour pour Dieu et pour l'homme...

Ce n'était pas un cri mais une prière de l'Esprit en moi : « Père, mon Père, louange à toi, il est là, petit, si petit, louange à toi, je te l'apporte et je te remercie »; je ne saurais te dire où était la louange et où l'intercession... pourquoi me suis-je étonné de voir l'amour du Père à l'œuvre, la Loi accomplie ? Il a parlé, ce petit, et son premier mot a été pour son père qui pleurait. Pourquoi ai-je dû expliquer que je n'y étais pour rien ?

Il me semblait alors voir une fragile colombe, toute vulnérable, qui portait au Père l'offrande de son Fils pour racheter cet enfant. Comment te dire ce soupir, cette agonie d'amour du Fils vers le Père par l'Esprit, ce faible battement d'ailes qui palpitait en moi avec mon cœur. Comment te dire l'éternel frémissement de l'amour de la Sainte Trinité pour les hommes, pour ce petit enfant, pour toi.

Ce soir encore, le ciel nous offre ici de le lire. Il est tout peint de couleurs légères, nuages fins et tendrement rosés, délicatement ourlés d'or. La beauté offerte de la création posée sur la guerre des hommes...

L'Esprit Saint coule sur nous tous comme une huile claire, sur le doux comme sur le méchant, et chante dans la brise, et s'offre inlassablement aux pieds des échafauds, au cœur des bourreaux et des juges, des condamnés et de tous ceux qui se repaissent du spectacle de la mort, de ceux qui pleurent ou prient. Il ne lui faut qu'un peu de désir, un regard, une attente secrète du cœur pour venir faire la place de Dieu en nous.

Que puis-je te dire de plus, mon frère, si ce n'est témoigner devant toi qu'il est mon souffle, tout mon être vit de sa vie.
Cela ne veut pas dire que je ne pèche pas, ne crois pas à ma sainteté, il n'est pas plus pauvre pécheur que moi, mais au-delà de mon péché, Dieu est. Il est Trinité et Vie, et plus il établit sa demeure en moi, plus le péché, fut-il comme une infime salissure qui viendrait blesser son amour, me plonge dans une affliction sans bornes. Ce m'est souffrance de voir combien je lui manque, combien je prends peu de soin de son temple, combien mes actes et mes pensées font peu de cas de sa précieuse présence.

Souvent mes larmes coulent vers lui, et puis cette plainte de mon infidélité d'autant plus vive qu'il se fait proche, l'âme à nu, blessée d'avoir blessé, et le baume de sa tendresse vient m'apaiser ou me brûler davantage, pour plus de vie.

Il est la vraie vigne qui s'est laissé vendanger, il a offert son fruit au pressoir et de son sang vivant il a fait une boisson... Quand je tiens dans mes mains cette coupe de terre toute simple, je contemple la vie. Quand je tends cette coupe à l'enfant de sa prédilection, je lui tends sa vie, et dans la simplesse de son sourire, je lis l'émerveillement. Cette enfant, dans sa faiblesse d'esprit, lit le mystère bien mieux que moi.

Je ne t'ai pas parlé d'elle.

Elle s'appelle Claire. Elle n'a plus de parents. Le père Jean-Baptiste l'a recueillie et confiée à des braves gens qui prennent soin d'elle avec une grande tendresse, car elle est assez débile, tant de ses membres que de son esprit, et pourtant je ne connais pas de plus grande sagesse que celle de son coeur et de son regard. Il me semble parfois que sa fragilité apparente dissimule une âme pure et forte, et qu'elle est tout habitée de l'intelligence de Dieu. Elle vient souvent me rejoindre quand le temps s'y prête. Son frère l'amène avec le mulet et elle reste avec moi tout le jour, comme une colombe, jouant avec le soleil et les fleurs, partageant la sainte communion avec moi en souriant aux oiseaux. Ils ne la craignent pas, se posent sur ses mains comme sur des souples rameaux : elle a les gestes gracieux d'un noisetier dans la brise qui, s'ils peuvent sembler incohérents à un étranger, me sont devenus une divine écriture. Tous ses familiers comprennent sans trop de peine les signes qu'elle adresse quand elle veut peindre quelque situation ou quelque besoin,

mais elle a parfois cet appel devant moi, deux mains trop minces qui tentent de se joindre et se portent vers son cœur avec peine, tandis que ses yeux prient en croisant les miens : elle veut à ce moment que je lui présente le seul trésor de ma vie, la précieuse présence de notre Seigneur.
Je la porte donc sous le chêne qui s'adosse à ma cabane, et je dépose dans un creux de mur que j'ai aménagé pour cela le très précieux Corps de notre Sauveur, tout près d'elle. Elle appuie alors sa tête au tronc de l'arbre et, bien que son corps la laisse rarement reposer, elle reste ainsi, toute apaisée, toute illuminée d'une lumière que je ne saurais te décrire autrement que comme celle de la Sainte Face.

Aujourd'hui, elle était là, toute exposée à l'amour de notre très doux Seigneur. Il faisait très chaud. J'étais occupé à trier mes récoltes, - tu sais que j'ai toujours aimé les plantes, et durant ces années, j'en ai appris l'usage-, je voyais perler à son front une fine sueur. Elle avait fermé les yeux. Le soleil se posait sur elle au travers du feuillage en rais menus, et touchait sa peau avec douceur. Ses lèvres frémissaient comme au passage de mots qu'elle était pourtant incapable de prononcer, et puis elle a levé les mains, elle touchait le soleil à son tour, elle le cueillait au bout de ses doigts sans ouvrir les yeux, elle en caressait les rais qu'elle suivait comme s'ils eussent été solides, et je vis alors couler ses larmes, elle pleurait doucement en effleurant l'invisible... dois-je te le dire, ai-je rêvé ? Quelqu'un a essuyé ses larmes. Elles se sont effacées devant moi et elle a souri, d'un sourire si éblouissant qu'il m'a ravi et plongé en louange à mon tour.

La grâce de Dieu s'est posée sur elle comme un manteau léger pour la protéger et la soutenir, et quand elle a ouvert les yeux et m'a regardé, elle m'a trouvé tout en pleurs, émerveillé et bouleversé de cette vision que j'ai eu de la Sainte Face de mon Seigneur et de la splendeur de sa Résurrection tout ensemble. Elle s'est traînée vers moi qui ne pouvais faire un geste, et a essuyé mes larmes d'un revers de sa main maladroite, avant de s'appuyer à mon cœur comme un doux fardeau.

Dieu ! Mon frère, la grâce de Dieu est infinie, et les cadeaux qu'il nous fait par les plus faibles d'entre nous... je veux dire qu'il se donne lui-même par eux, et s'il me le fait saisir au travers de Claire, c'est pour que je le voie mieux au cœur de chacun de ses pauvres, malgré l'épaisseur du péché.
Je le sais, il est présent en tous ainsi qu'en Claire, et pèse sur mon cœur du poids de leur faiblesse, et peut-être de leur ignorance qu'il vit en eux malgré tout, dans sa Gloire.

J'ai le cœur lourd et libre, et plus il est libre, plus il est pesant de cet amour que j'ai pour notre Seigneur Jésus-Christ et pour tous ses aimés.
Oh si je pouvais te dire ! Si je pouvais te montrer...
Je prie pour que l'Esprit-Saint te révèle combien il est dans l'homme comme un germe de pureté inaltérable, virginal, et combien ce germe aspire à être épousé de Dieu.

J'ai vu aujourd'hui Dieu s'aimer en Claire et Claire demeurer en lui, et j'ai vu combien cela est vrai et bon. Je prie instamment le Seigneur d'accorder à chacun la grâce de le recevoir ainsi, avec cette simple transparence que donne la foi.

Que notre Sainte Mère Marie, toute traversée de la gloire de la Sainte Trinité, nous conduise à ce oui tout donné que Dieu espère.

Amen.

Quelque chose s'immisce en moi; mon corps sourit car tu me parles d'un rêve de bonheur, celui qui fait naître l'amour dans les creux et les pleins. Tout empli. Toi, mon frère, tu n'es plus. Celui qui m'écrit est un autre qui vit...

Je ne puis supporter de te voir te démettre des moments plaisants de la vie... Ce besoin de te dépouiller, dépecer, de brûler vif... peut-être ce labour profond est-il nécessité pour que germent des graines d'amour inconnues ?
De ces épis, tu as fait farine claire et légère, pain doré comme brioche des rois; un petit morceau a suffi, et te voilà miraculé : tu respires à son souffle, l'Esprit habite ton corps...

Ah, mon frère, aime Dieu, aime Dieu pour deux ! car de tout ceci je ne suis pas capable, je ne sais qu'aimer à travers l'épine noire des haies, la châtaigne velue et douce comme chair de femme, les contes à la veillée, les rires partageux, le vent coulis dans les sentes qui fait chanter la tuile-au-leu quand, sous l'édredon, je tiens ma mie serrée, le feu dans mes veines et les tisons dans le trou noir de l'âtre, les grillons sous la pierre, tout ce qui parle et chante les couleurs...

Tu es sur le seuil de ce que tu ne peux plus dire, le pays du silence qui parle...

Je t'écris comme si tu pouvais encore me lire, mais ce m'est un besoin impérieux de te répondre. En moi, tu vis. Je ne peux me séparer de ma partie-toi.

Donnadieu, mon besson, j'ai commencé à t'écrire à la mi-temps du carême, et nous voici déjà à Pentecôte !

Le printemps nous a été clément, le ciel a entendu nos prières et nous a protégés de ses nuées : il n'y a pas eu de gel, la vigne en fleur embaume, les enfants disputent aux merles des cerises à peine mûres, et il a plu en suffisance pour recréer le causse à l'image de l'Eden.
Cette terre qui ne porte que lavandes et chênes noueux, assoiffée à demi l'année, se creuse et comble l'homme de ses bienfaits dès que l'eau y vit. La roche se dénude en bans sur les hauts et la pluie qui la lave emplit chaque noue de cette fine poussière rouge qui fait le sol d'ici. Les canabals voient naître le blé et l'épeautre, le foin croître et mûrir, chaque goutte est une fleur nouvelle, et sur le causse brûlé, les orages accrochent aux racines des chênes des truffes noires qui s'égrènent sous la dent en déployant tous les parfums de ce pays aux froids de l'hiver. Il en est ainsi des merveilles de Dieu : sur le roc le plus dur peuvent éclore d'éclatants et fragiles coquelicots.

J'ai plus appris à regarder la terre vivre qu'au profond des livres. Ce matin, je suis parti pieds nus, comme souvent, pour épargner les semelles de mes sandales, et en marchant, je songeais. La pierre est partout présente, coupante, et comme la souffrance au plein de nos vies, elle blesse les pieds.

Vivre avec Dieu ne change rien. Les cailloux sont là. Mais plutôt que de crisper le pas dans la crainte, Dieu permet d'épouser le sol librement : en recevant la morsure de la pierre, en acceptant la douleur, la chair détendue ne souffre plus, le pas est libre, non point libre de sa douleur, mais libre de sa crainte, et donc d'épouser la vie.

Vivre de Dieu... vivre de Dieu est autre chose. Que puis-je te dire... Tous les mots que je pourrais inventer ne comptent pour rien au regard de sa grandeur et de la profondeur de son Souffle en nous.
Le Psalmiste l'a si bellement chanté.

Si je te dis, tout est anecdote, tu vas me crier la douleur du monde, et tu auras raison. Et ne feras-tu pas de même si je poursuis, Dieu seul, tout le reste est poussière. Considère cependant que la poussière traversée du soleil s'allume de son feu et miroite un instant, mais qu'elle n'est pas la lumière, elle la révèle seulement, fugitivement, et nos vies ne valent pas mieux.
Vénères-tu la poussière ? La recherches-tu ? Ne quêtes-tu pas plutôt la lumière dont elle dessine les rais ? N'aurais-tu pas soif du soleil lui-même ?

Alors je te le dis, mon frère, toute la beauté de cette vie, toute la souffrance de cette vie ne pèsent rien au regard de la Beauté de ton Dieu. Rien jamais ne le peindra. Ne nous étonnons pas qu'il ait choisi de se rendre présent par le plus humble des moyens : un peu d'eau et de farine, un peu de vin.

Vivre de Dieu... Souvent mes pieds sont en sang, il me faut les baigner et les panser, mais cette petite douleur n'est plus mienne. Elle est celle de mon doux Seigneur devant la peine du monde, elle est celle de tous ceux qui marchent dans l'accablement, qui souffrent et se lamentent, et je le prie alors de bien vouloir recevoir pour eux tous ces petits maux et les leur décompter.

Vivre de Dieu... est un acte. Un seul acte d'amour, un seul don de l'unique Seigneur vers l'unique Seigneur. Tout, hormis cela, est mort.

Pourquoi ne le voyons-nous pas ? Pourquoi quêtons-nous la poussière en la croyant soleil ? Pourquoi ce péché premier, cette chute qui nous fait ramper au service du serpent ? Pourquoi avons-nous fait du menteur notre maître et du mensonge notre loi, en toute inconscience ? Pourquoi nous sommes-nous laissé tromper au point de prêter foi à une créature, alors que le Créateur nous nourrissait de son Esprit ?

Je ne puis comprendre notre aveuglement, notre peur, notre hâte. Et chaque jour je sais avec affliction mon aveuglement, ma peur, ma hâte, je souffre et je m'émerveille de ce fruit mûr qu'il nous offre sur la Croix.

Dieu ! Qu'elle est grande, ma faute qui t'a conduit à cette Croix ! Comment ai-je pu t'obliger ainsi à mourir de ma chute ! Et qu'elle est bienheureuse tout en même temps, la faiblesse qui nous a suscité un tel Sauveur !

O mon Dieu, mon Seigneur, mon Tout, tu n'avais rien fait ! J'ai manqué à ton amour, je m'étais perdu par ma faute, et tu es venu au-devant de moi, tu es venu faire mûrir le Fruit de l'Arbre pour que je puisse enfin le recevoir, le reconnaître, tu m'as agrégé à ton Corps très saint pour que je puisse le faire mien !

Mon frère, mon aimé, la Sainte Trinité est ma source, mon sang et mon souffle, et je prie pour que tu la connaisses. Je prie pour que tu vives de sa vie même, et qu'il ne soit pour toi ni un Dieu lointain, ni même un ami, mais qu'il t'appelle fils, que tu sois un même être avec lui jusque dans ta chair et qu'ainsi sa Paternité ne soit pas vaine.

Je prie pour, qu'à son image, tu portes le fruit que son amour voulait de tout temps offrir à l'homme, celui que notre impatience lui a dérobé au Jardin.

Je prie pour que tu mettes au monde le fruit de son amour pour toi.

"Allez et portez du fruit"... c'est un ordre et une prière...

Et prie pour moi, mon frère, prie pour moi, je te le demande instamment, je ne suis rien, je ne sais pas le servir, je ne sais pas l'aimer, ma faiblesse est insigne, et en ce jour où la nature exulte et donne son fruit, ma pauvreté m'apparaît sans détour. La poussière elle-même, dans son indigence, le sert. Que ne suis-je un grain de cette poussière, je pourrais un instant toucher sa lumière et faire signe aux passants. Prie pour moi, Donnadieu, parce que j'aime avec un cœur impuissant à aimer, implore pour moi la grâce de notre doux Seigneur et dis-lui que je veux bien tout son désir, car je n'ai d'autre désir que le sien, d'autre vie que celle qu'il veut bien m'offrir, d'autre crainte que de manquer à son amour.

Mon frère, les foins sont tombés sous la faux avec un soupir doux pour prendre soin du bétail dont l'homme tire sa subsistance. Que le Seigneur nous accorde cette même grâce de nourrir nos frères du fruit qu'il aura lui-même fait grandir en nous. Amen.

C'est le profond de la nuit. Je me réveille les tempes battantes, le cœur inquiet, une douleur au creux de l'estomac tendu comme peau tannée.

Mon frère, je suis malade de toi. Je suis confondu par mon inaptitude à te rejoindre... Tu es dans cette nuit, invisible et présent en moi, et si lointain, comme un rêve insaisissable. Des images de toi s'approchent puis s'éloignent, comme effacées par les bancs de brume qui nappent les mares au petit matin.
Tu es apparition et disparition, cet esprit qui frappe à ma tête et au tendre de mon ventre; l'édredon de plume m'étouffe, hors du lit la maison est froide, la flamme de la bougie dessine tout en ombres, et le silence en bruits nets et confus.

Je me suis égaré dans ces contrées... le pays de l'amour de Dieu. Mes yeux se ferment à cette lumière si violente, il n'est pas de midi en été où cette lumière soit aussi coupante. Devant cette forge brûlante, tu ouvres les yeux; moi, je les clos, le feu sur les paupières. Comme la chouette qui a fait de la nuit son jour, tu lis l'invisible, la lumière dans la poussière, mais toi, poussière d'homme, que n'as-tu vu la lumière que tu répandais ?

"Prie pour moi, Donnadieu"... mais je ne
puis !
Qu'ai-je encore à demander à Dieu pour toi ?

Mon très aimé frère,

Je n'ai pu te rejoindre depuis un long temps : les travaux n'attendent pas, les gens de la Loge étaient dans le besoin faute de bras, et je ne pouvais leur manquer.

La fenaison a été belle, cette année, les granges débordent et embaument, mais nous avons dû ensuite protéger la moisson des sangliers. Les petites heures me trouvent donc tout occupé à remonter les murs qu'ils écroulent, et à plier et lier des palisses pour les détourner de leurs brisées.

Pour le reste de mon jour, l'aurore est consacrée à la récolte des simples dont la variété, ici, est infinie, que je trie aux heures chaudes en louant Dieu de sa bonté qui ne me laisse point le temps de m'égarer en vaines pensées, et je souris alors de nos mariennées sous les aulnes, au bord du Loing, épousés de la terre et du chant de l'onde, où nos esprits vagabondaient en tissant mille projets et mille fables.

Combien j'étais loin de supposer qu'un jour le chant de l'eau s'oublierait en moi pour les mots de l'amour simple : doux Seigneur, prends pitié, Père très bon, prends pitié, très doux Esprit-Saint, prends pitié...

C'est un autre chant qui berce mes gestes, dont je ne sais ni la source ni le sens. Il me semble alors que mes mains rassemblent tous les pleurs de la terre et les offrent à la Trinité Sainte. Ce doit être une offrande, oui, parce que ce sont des mots d'amour, une tendre litanie qui monte de mon cœur vers Dieu.

Peut-être t'étonnes-tu des mots : prends pitié... mais ce n'est pas plainte d'homme, et si mon cœur présente sans fin toutes les larmes de la terre avec les miennes, si mon âme se désole de ma pauvreté à aimer, rien de ceci ne chute, rien ne va vers la mort, mais tout s'élève comme un parfum vers mon Dieu, pour lui seul...

Oserai-je dire que tout ce que la création a reçu de Dieu revient alors à lui dans un soupir comblé et éperdu : « mon doux Seigneur tu es si grand et tu vis en moi... tu es si loin et tu aspires si fort à toi-même en moi, mon roi je t'attends, je t'espère, je te sais, je meurs du seul désir de te vouloir tout à toi-même, sans partage, dans mon cœur... »

Cette attente est celle de toute créature, de la plus humble fleur au chêne royal, du grain impalpable de la poussière que le charroi soulève à la gemme précieuse que l'orfèvre enchâsse d'or, de la misérable araignée au papillon flamboyant... l'espérance de toute vie, de la plus répugnante qui grouille et rampe dans l'ombre jusqu'à la plus éclatante.

Cette espérance est mienne également. Identique. Le sais-je plus que le vermisseau ? Peut-être. Plus que lui peut-être en ai-je conscience, plus que lui je puis le dire, mais ce vermisseau est mon frère en espérance puisqu'il est tout créé du Verbe, et quand je le recueille pour l'écarter d'un inutile danger, mon cœur cueille cette attente qu'il a du Créateur. Je ne peux que cela, recevoir ce dépôt sacré et le faire remonter à Dieu d'un souffle : mon Dieu, mon Tout, mon Roi, prends pitié... et du plus creux de cette tendresse que mon Seigneur m'a donnée pour toute la Création et pour chacune des créatures qui la peuplent, je prie...

Pour ma sœur l'herbe folle, prends pitié, pour ma sœur l'araignée, prends pitié, pour mon frère le crapaud, prends pitié, pour ma sœur l'eau, prends pitié, pour l'enfant à naître, prends pitié, pour mon humble sœur Claire aimée...

Quel beau mot que celui d'humilité ! Il est tout rempli de l'âpre douceur de la terre, et je le mâchais ce midi, au retour de la Loge, en bénissant le Seigneur de m'avoir placé ici, au pesant de cette matière qu'il a organisée et de même nature qu'elle, jusqu'à y découvrir sa divine écriture. Par quelque mystère qu'il a voulu, c'est en descendant, en s'humiliant, je veux dire en se plongeant dans l'incarnation vraie, simple et toute illuminée de sa présence, qu'il se dévoile à nous dans sa Gloire.

Par quelle aberration nous sommes-nous tant éloignés de lui que nous nous perdions sans cesse dans nos actes, dans nos pensées, dans nos vanités, aveuglés de nous-mêmes à en chuter encore et renouveler chaque jour le péché d'Adam !

Je viens de relire ces quelques lignes et je vois combien tout ceci est indicible. J'ai pesé chaque mot et chacun d'entre eux peut être dévié. Chaque phrase peut conduire au contraire de ma pensée. Il me faudrait les mots des poètes, de ceux qui vont rejoindre obscurément le cœur de l'homme et lui parle de ce qu'il est aux yeux de Dieu, hors de toute raison... mais, mon frère aimé, je sais que tu entendras juste car ton âme est droite, et si parfois ma parole s'égare, il n'en reste pas moins, bienheureusement, qu'elle n'est que pour toi.

La chaleur est arrivée. En quelques jours de feu la terre a gercé, les hautes herbes sifflent au toucher du vent, les cigales font crépiter les sous-bois. Dans cette brûlure, il m'est arrivé cette histoire courte que je vais te conter tant elle m'a montré la grandeur de Dieu et ma mésespérance.

Je revenais du lac où j'avais lavé ma robe, quant au bord du bois, j'ai entendu les cris de détresse d'un oiseau. Une buse tenait en ses serres une grive qu'elle dépeçait à grands coups de bec. Une pierre a roulé sous mon pied, comme je n'étais qu'à trois pas d'elle, elle m'a vu, a lâché sa proie pantelante et s'est envolée.

Je me désolai à la pensée que je l'avais, sans le vouloir, privée de son repas, et m'approchai de sa victime inerte que je recueillis, peiné tout autant de la voir blessée pour rien. Je priais le Seigneur de pardonner ma maladresse qui avait enlevé sa pitance à la buse, et j'implorais alors qu'il prenne en cause que la grive n'ayant pu offrir sa vie, il pouvait la lui rendre intacte.

Je rapprochai les lambeaux de sa chair. De sa gorge déchirée coulait un peu de sang, elle avait un œil arraché, et se plaignait à peine, à petit souffle, dans ma paume.

Je suis resté longtemps ainsi, tenant l'oiselle abandonnée dans mes mains.

Ma raison me disait sa mort proche, mon cœur pleurait vers Dieu, et pourtant, mon âme la voyait s'envoler librement, comme ressuscitée. Au bout d'un long temps, je me dis qu'il me fallait malgré tout revenir à ma cabane, et que je trouverais alors un nid de chiffons où la blottir pour qu'elle meure en paix. Je la sentais alanguie, respirant à peine. Pour voir en quel état elle était, j'ai ouvert les mains, et à ma grande stupéfaction, elle a frémi, elle s'est redressée, elle m'a regardé de son œil unique, puis elle s'est envolée et, se posant sur une branche au-dessus de moi, éclatante, a chanté.

Quelle louange !

Mon frère, l'étendue de ma désespérance éclatait dans son chant. Je demandais sans croire, j'attendais une mort en appelant la vie !
Quelle misère est la nôtre qui suit les balbutiements de notre raison quand notre âme nous éclaire, toute illuminée qu'elle est par l'Esprit du Seigneur !
Une oiselle m'a offert sa douleur pour que Dieu m'enseigne. Et du profond de mon être est monté un chant d'amour pour elle et pour la très Sainte Trinité qui s'unissait au sien et tressait nos voix ensemble vers le ciel.

Je te sens sourire : ton jumeau, au bord du bois, vêtu d'une robe mouillée, qui chante avec les oiseaux ! Ce n'est pas la moindre des folies que la contemplation de la Gloire de Dieu m'aura fait faire. Voici sans doute une des raisons pour lesquelles le Seigneur m'a conduit ici, à l'abri du regard des hommes, dans la solitude aimée qui est tout habitée de lui. Et vois-tu, je sais maintenant que s'il me demande de prier pour l'un de ses aimés, ce bref instant de ma vie sera présent, et fera grandir ma foi.
Peut-être alors écouterai-je mieux le désir qu'il a de donner le bien, et ma prière sera-t-elle plus courageuse et plus juste. Celle qu'il attend, celle dont il a besoin, dans sa miséricorde, pour

ouvrir les cœurs, comme nous préparons le champ que nous désirons ensemencer.

Il est le semeur et la semence, il ameublit nos sécheresses par le ruissellement de son Esprit, mais le labour nous échoit : il nous faut demander, pour nous et pour d'autres. C'est ainsi qu'il nous veut, tout offerts, tout confiants, mais aussi tout espérant en le bien qu'il nous veut. Il m'apparaît bien souvent que, dans une sorte de générosité mal venue, au lieu d'écouter son désir nous le précédons à notre idée, et que nous refusons ainsi bien des grâces qu'il nous avait préparées.

Mon frère, si j'ai appris quelque chose en cette vie, c'est que tout est mouvement, une chose est pour un jour mais se renouvelle le lendemain, nous nous devons seulement de préserver en nous le regard de l'enfance, neuf et pur : à s'arrêter au passage d'un oiseau, au pas d'une fourmi, l'on voit la Parole vivante s'offrir à nous, simple et secrète. Dieu parle alors à nos cœurs et nous enseigne, et nous révèle l'étendue de son amour pour nous et pour la création tout entière.

La beauté de son Visage éclaire le monde et le renouvelle, et s'il nous veut martyrs, c'est d'abord tout rayonnants de sa grâce, tout illuminés de sa Face, témoins qu'il touche de sa tendresse, et c'est pour chacun, sans exception.

L'appel qu'il fait à chacun est unique, et au cœur de cet appel, il nous comble.

Ne nous fourvoyons pas, n'inventons pas son désir, écoutons, écoutons encore, très simplement, ce qu'il nous dit, il dit le bien, il dit l'amour, il dit la vie. Et s'il appelle à partager sa Passion comme il le fait parfois, suivons-le et demandons son aide sans réserve. Il n'est pas bon de se taire, il est faux de croire que sa grâce peut n'être point pour nous, et sous prétexte de le suivre au Calvaire, d'empêcher ses anges d'écarter les pierres superflues de notre chemin. Cela n'est pas bon. Cela n'est pas sa volonté.

Mon frère, je t'en prie, fais sa volonté, ne l'invente pas autre qui ne serait qu'un songe ou une image déformée de la sienne, ne lui refuse pas de t'aimer et de te combler au creux de l'appel qu'il te fait. Je t'en supplie. Il veut te combler.

Je me réjouis : tu dois à présent être marié et heureux. Que votre vie soit toute donnée à Dieu et toute débordante de la joie des hommes. Je prie notre Seigneur de vous donner toutes les fécondités, du corps et de l'esprit, afin qu'à l'image de la Sainte Famille, vous soyez témoins de son amour devant tous. Je vous embrasse tous deux très affectueusement.

Ton frère en tout par la grâce de notre
doux Seigneur

Mon frère,

Tu es comme moût de raisin dans la cuve. Chaque chose vue, chaque chose entendue, touchée, sentie, tu la changes en amour, alchimiste en fermentation divine. Dans le creux de ta main, l'immobile prend vie et le serein coule sur l'âme.
Aujourd'hui je marchais, j'arrivais à la clairière, le temps était à la chaleur mais sans lourdeur. L'air murmurait aux feuilles des arbres, et là, tout temps arrêté, j'étais avec toi, une sensation de toi, je te cherchais.

Je me suis assis sur la terre chaude, abandonné à... je ne sais pas... Présent à tout cela, mais aussi à outre cela; la terre est une conteuse, c'est elle qui me parle, me dit ses besoins et ses attentes, sa soif de plein été, la rudesse des vents tempétueux, ses cris étouffés par le gel, les trop-pleins d'eau qu'elle régurgite en flaques boueuses, ses silences avant l'enfantement printanier; je n'entends rien d'autre, je la soigne, elle me nourrit, féconde de ses fruits et de sa beauté. Si Dieu me parle, c'est à travers la terre, comme l'eau du ciel que je bois après qu'elle l'eut filtrée.

La volonté de Dieu est pour moi méconnaissance, et si j'y songe, désespoir car je n'entends pas ce parler inconnu.

Tu participes de l'air et de la lumière. Je retournerai à la clairière pour une communion apaisée.

Lettre VI

Bien aimé frère,

Le jour est pauvre. Nous sommes passés du plein soleil à un ciel lourd de nuages, plat et monotone comme plaine, qui fait le causse long et les arbres frileux. La fraîcheur nous a surpris. La pluie ne vient cependant pas, de vert débordant le pays est passé à l'ocre et à la paille, et si les chênes gardent encore la couleur de leur printemps, tous les buissons retiennent leur souffle, le buis se contracte et gifle durement le passant que je suis, les herbes ligneuses crient le sec au bord des chemins. Il n'y a que chardons et lavandes à être heureux : ils font les champs violets et crissant malgré le gris du jour.

Hier je marchais aux basses heures. Le soir était presque clos, mais je cherchais quelques fleurs à offrir au Seigneur dans mon oratoire et je songeais : la pauvreté de leur offrande, tiges brûlées, feuilles crispées, corolles pâlies ou fripées, s'accordaient à mon cœur et à la misère de mon intercession : quelle que soit la prière qui s'élève de ma bouche, elle a la pauvreté de ce bouquet et ne porte qu'une intention généreuse et la maladresse de mon amour pour lui.

Je me sentais enfant, quand j'offrais à notre mère une pauvre pervenche toute froissée de mon geste, et voyais le regard de tendresse qu'elle avait pour moi, la façon dont elle recueillait la fleur, la redressait délicatement et cherchait un gobelet où la rafraîchir en caressant ma joue au passage...

Dans ce champ dont le crépuscule gommait les couleurs, je sus la tendre présence de Marie, notre sainte Mère, et cette façon doucement attentive qu'elle a de m'enseigner. Alors que mon cœur pleurait et soupirait d'impuissance, en suppliant notre doux Seigneur de soulager deux femmes que j'avais rencontrées au village, la Toute Pure est venue recueillir ma prière, la rafraîchir, la revivifier pour la rendre présentable.

Ce m'est, à cet instant où je t'écris, d'une grande clarté : ne crains pas de demander l'aide de notre sainte Mère, elle priera à tes côtés, purement, simplement, comme une mère aimante présente le besoin ou l'offrande de son enfant à son père.

Pourquoi te parlé-je de Marie en ce dimanche ?
Je ne sais. Il est tant à dire, et si peu.

Elle est tout silence, elle est toute vie, elle est tout oui.

Elle est ma sœur si jeune, toute aimée, émerveillée de la grandeur de Dieu. Elle est ma tendre mère touchée de nous voir ses premiers-nés, tous, par la grâce du Seigneur.

Elle est... je ne puis dire ma reine tant elle est plus que cela. Elle est toute magnifiée parce que toute transparente, toute traversée de la gloire de Dieu, et toute resplendissante de l'Esprit.

Elle est plus que ma Reine, celle qui s'agenouille à mes côtés dans les chardons de mes fautes pour porter ma prière, qui humblement attend que je la voie, qui inlassablement me montre au petit de la vie comment se déploie la splendeur de son Dieu, et qui soudain se révèle comme celle qui n'est pas la lumière mais qui de tout temps est habitée de la lumière, née pour l'offrir au monde comme une lampe est faite pour présenter la flamme et la faire rayonner.

Je ne sais comment cette femme simple née comme nous de l'homme et de la femme, rachetée de tout temps, bienheureuse de tout temps, depuis l'avant jusqu'à l'après de ses jours sur notre terre, put être ainsi donnée à Dieu sans murmure, comme si le péché d'Adam ne l'avait point touchée, mais c'est ainsi, je le vois bien. Elle m'offre à chaque heure du jour la claire vision d'une lumineuse humanité : celle du désir de Dieu. Il nous a créés pour cela : vivre avec lui dans un total abandon et recevoir sa splendeur en nous.

Ô très Sainte Trinité, ne nous laisse pas ignorer ta grandeur. Permets-nous de la contempler en Marie afin de la mieux comprendre. Permets qu'un jour, nous la puissions voir en elle, enfin, et la recevoir en nous, parce que tel est ton désir, comme elle l'a fait.
Alors, mon Roi, ton Nom sera connu de nous, et vivant en nous, il sera notre seul gardien, le souffle de l'Esprit notre seule vie, l'amour du Père notre seul vêtement.

Mon frère, ne craignons pas de prendre Marie chez nous, elle saura nous apprendre notre humanité, notre humilité, notre pauvreté. Elle saura nous apprendre le oui, la foi nue et illuminée, le sourire, la douleur, elle sera la lampe qui éclaire notre chemin, à l'égal de la sainte Parole que nous ignorons bien trop.
Que rien de ces mots ne te trouble. Elle fut la demeure de la Parole, elle l'a donnée au monde, de la Crèche à la Croix, et si tu ignores la sainte Bible, elle la connaît : son oui est la source des Évangiles.
Elle sera la lampe, et non pas la lumière. Vois-tu, il me semble qu'elle doit un jour être dévoilée au monde afin que le monde voie la lumière. Il me semble que le Seigneur la veut encore toute donnée parce que nos

aveuglements ne savent pas le reconnaître et nous perdent. Il me semble qu'il aura besoin de Marie encore, qu'il le lui demandera encore, ce oui qu'elle est, pour révéler au monde son salut. Il me semble que cette histoire secrète de Marie pourrait bien être celle qu'il veut pour chacun de nous.

Me trompé-je ? Je ne sais.

C'est comme une brise qui passe, une eau pure, ou un secret dans mon cœur que je te partage. Ou l'envolée d'un oiseau.

Mon cœur se tait. Il n'est en moi qu'un sourire mystérieux et tendre, et le dessein bienveillant de Dieu.

Aimé, je ne puis te dire plus. Il n'est plus que silence.

Je prie pour que tu connaisses ce silence.

Que le Seigneur te bénisse et te garde, qu'il fasse pour toi rayonner son visage et te fasse grâce,

Que le Seigneur te découvre sa Face, et t'apporte la paix.

Ton frère.

Mon frère, tu as un cœur d'enfant.

Tu es devant Marie comme j'étais devant le sucre candi de Noël. Toutes les heures, du petit jour à la nuit tombée, nous tirent vers les travaux où Marie est absente. Ces travaux qui labourent mon corps, pèsent à mes pieds d'une glaise de fatigue, la vie prend tout de moi et quand tu me nommes Donnadieu… je donne à petites lichées, de temps en temps.

Marie, je la perçois dans la chaleur de ma mie, je la contemple devant le téton où l'enfant se musse, douceur et velouté. Et puis je l'absente...

Un de ces petits matins où tout attend, où tout arrive, tu serais là, fils prodigue de l'amour divin...

Ta présence m'emplit, je me fonds dans cette richesse, ce miel que tu as récolté, soleil liquide.

Tu me parles de cet amour qui est cette terre promise où tant d'hommes n'ont pu entrer de toute éternité. Toi, passeur, tu t'étonnes.

Dis-moi, où trouver la clé qui permet de faire
de mon rêve ma réalité ?

Tu es la réalité de mon rêve.
C'est simplicité.

Lettre VII

Donnadieu... Frère, que dois-je donner encore que je retiens jalousement au loin de sa main... Je ne sais. Tantôt je suis tout à l'attendre, comme une épouse en son foyer attend le retour de l'époux, le cœur tranquille, tantôt je suis tout exil, à soupirer et gémir, poisson hors de l'eau qui, ne mourant pas, souffrirait mille morts...
Que dois-je donner, frère, si ce n'est ma vie bien davantage. Je n'ai rien de plus.

Ce matin, une femme est venue. Elle a parlé longtemps, sa misère était grande, et son péché, et enfin, tout éplorée, elle m'a regardé, a murmuré la question de chacun : Dieu peut-il m'aimer ?

Elle fondait dans ses larmes, l'eau coulait de ses yeux comme source claire et baignait ses joues pâles, et ne sachant que faire, que dire, tant sa peine était grande et son mal profond, je lui ai pris la main, je l'ai conduite au puits brûlé, je l'ai précédée sur les quelques marches grises qui rejoignent l'eau et l'y ai fait asseoir. Elle me regardait toujours, sa désespérance lui grisait la peau. Je l'ai déchaussée, j'ai lavé ses pieds poussiéreux, je les ai baisés, j'ai baigné son visage, j'ai versé sur ses cheveux l'eau du puits comme eau lustrale...
Puis, comme elle s'apaisait un peu, je me suis agenouillé devant elle, et l'ai implorée à mi-voix :

Ma sœur, prie pour moi pécheur... ma sœur, prie pour moi pécheur... ma sœur...

Je laissais sans honte couler des larmes de repentir sincère tant j'étais impuissant à lui dire l'amour de son Dieu. Je sentais en mon cœur une si vive douleur qu'elle me faisait suffoquer, je sus son désarroi, puis sa compassion.

Après un moment d'hésitation, elle m'a rejoint, elle a touché ma main, timidement, et comme je la regardais à nouveau, elle a baissé la tête et elle a repris avec moi : mon frère, prie pour moi, pécheresse, mon frère, prie pour moi...

Seigneur, prends pitié de nous pécheurs...

Doucement, mains unies, nous avons ramené notre faiblesse devant notre Père. Doucement, par le cœur transpercé d'amour du Fils, la paix est venue dans les nôtres. Doucement, par la grâce consolatrice de l'Esprit, elle s'est sue aimée, elle a découvert dans mes gestes les gestes de l'Amour pour elle, j'ai découvert dans son sourire nouveau qu'il me voulait offert, libre de donner, de souffrir et d'aimer, pour les pauvres qu'il lui plaisait de m'envoyer.

Nous sommes remontés ensemble, en silence. Je lui ai présenté le Corps de notre Seigneur dans l'hostie, afin qu'elle puisse déjà recevoir la consolation de sa Présence par le regard, avant de la pouvoir recevoir en elle tout

entière, ayant présenté ses fautes et sa pénitence
à la miséricorde du Père par les mains du prêtre
de son village.

Pourquoi n'ai-je pas exercé ce saint
ministère ?
Mon frère, c'est tout simple : Dieu m'a mis à part
de son troupeau pour quelque raison que
j'ignore, il m'a refusé de servir en paroisse pour
me conduire en solitude dans le cœur brûlé et
brûlant de son Église. Peut-être savait-il,
qu'étant incapable de me conduire moi-même, il
ne pouvait me confier son troupeau. Tout juste
puis-je recueillir les plus faibles, les égarés, les
aveugles, pour les conduire à lui et les ramener à
l'abri de son bercail.
Il me semble parfois qu'il m'a voulu pécheur,
miséreux, pauvre parmi les plus pauvres pour
que je puisse, plus bas encore que leur misère,
les prendre sur mes épaules et les lui porter.

Mon frère, l'abaissement est un trésor qui
fait de nous la main qui se glisse en son Nom
sous les enfants égarés, et peut ainsi les soulever
vers son admirable lumière.
Qui dira la puissance de ce Nom qu'il nous a
confié ?
Qui publiera les merveilles qu'il accomplit
chaque jour ?
Qui dira la grandeur de son abaissement sur la
Croix, qui est venu chercher le plus petit, le plus
perdu, le plus pécheur, jusqu'au profond des
enfers ?

Qui dira la douleur de son cœur ?

Qui dira son amour ?

Comment refuser de le suivre ?

Mon frère, à t'écrire ainsi en partage, j'ai lu le chemin qu'il me trace. Je donne à Dieu mon oui et mon impuissance. Le nom que tu as reçu au jour de ton baptême m'aura aujourd'hui conduit affectueusement sur les pas de mon Seigneur, le Christ. Plaise à Dieu de te bénir en abondance.

Ton frère.

Vraiment, nous ne savons jamais qui nous sommes ! Une femme vient à toi, toute de misère et d'abandon : tu es le magicien qui la niche dans l'amour de Dieu et tu penses que c'est petite chose !

Tu dis : « tout juste puis-je recueillir les plus faibles, les plus égarés... »

Mais n'est-ce pas le plus difficile, ce qui demande de tout donner de soi ?

Fallait-il que ta chair tienne aux os pour que, tout pétri d'amour, tu te sentes en si basse estime !

Le Christ n'a-t-il pas promis les plus grandes richesses à celui qui n'a rien dans les mains quand il a tout dans un cœur toujours ouvert ? Maintenant que tu es en lui, je sais que tu vois que ton seul péché était de douter de toi.

Heureux celui qui change les giboulées de larmes en sourire apaisé, le dénuement en espérance; il élève, il transforme la meurtrissure, et alors le papillon défroisse ses ailes, il naît au vent, au soleil, aux fleurs pour la Gloire du Vivant.

Ainsi, je suis malheureux par le cœur, heureux par l'âme de te savoir dans sa Réalité glorieuse.

Aimé,

J'ai vu en ce jour le bonheur de Claire.

Je la présentais à la miséricorde de notre Seigneur et à la sainte garde de ses anges alors qu'elle sommeillait à l'ombre d'un chêne et je voyais resplendir les mots du prophète : « ...la panthère couchera avec le chevreau, le veau, le lion et la bête grasse iront ensemble, conduits par un petit garçon... on ne fera plus de mal et de violence sur toute ma montagne sainte car le pays sera rempli de la connaissance de Dieu comme les eaux couvrent le fond des mers... » Et j'en avais une grande joie à la pensée que, peut-être, mon Seigneur voulait me montrer par là combien il la voulait sereine à l'abri de sa main.

Je me détournai enfin, tout débordant d'action de grâce, quand je vis passer tout près d'elle une jeune martre. Elles sortent habituellement avec le crépuscule, mais là elle jouait à quelques pas comme un chaton, se laissait tomber sur le flanc, s'étirait, et je songeai alors que cette petite créature dont nous redoutons la venue n'est coupable, devant nous, que de sa vie.
Notre Seigneur ne veille-t-il pas à sa provende ?
Pourquoi devrions-nous lui refuser ce que nous

nous accordons à nous-mêmes ? S'il lui a donné pour repas, dans sa sagesse, oiseaux et mulots, et les volailles que nous lui disputons, nous devrions bien l'accepter et reconnaître notre part à cet ordre divin qui, si nous le voyons par ses yeux, nous fait émerveiller.

Car cette vie une, toute née de lui, qui perdure et danse, s'offrant à elle-même en nourriture, n'est-elle pas merveille, en vérité ?

Pourquoi voudrions-nous en être protégés ?

Quel est ce rêve fou de l'homme qui voudrait tout recevoir sans rien donner de lui, qui voudrait prendre sans rendre, qui voudrait être dispensé de sa mort ?

Notre doux Seigneur est venu nous offrir le salut, il n'est pas venu nous garder de la vie. S'il nous met à part, c'est pour l'amour, et l'amour se donne jusqu'au bout !

Pardonne cet élan, je t'en prie : ce m'est douleur vive de voir que cette belle vie qu'il nous donne, nous la voulons pour nous, soumise, docilement éternelle, et nous cherchons un bonheur illusoire où tout ne serait que pour notre service et non point pour servir. Bien sûr, tout mon désir est une terre où l'homme vivrait en paix avec lui-même et la sainte création. Bien sûr, tout mon désir est harmonie et beauté en ce monde, avec la mort simple et nécessaire au creux de notre matière. Oui, mon frère, tu le sais bien : quand nous pêchions une belle truite, notre geste premier était de la remercier de sa vie, et de remercier le Seigneur de nous l'avoir donnée.

Mais bien plus grand, plus pressant, plus vrai, est-ce désir qui me brûle que chacun connaisse son Dieu en plénitude, et que la création tout entière s'en trouve réveillée, re-née enfin pour manifester la gloire de notre Seigneur, telle qu'il l'a créée.
Je porte en moi une rupture, quelque endroit de mon cœur est fendu de cette douleur qu'est notre division, notre jalousie, nos pauvres appétits de pouvoir ou de gain, ce rêve dérisoire d'une vie meilleure qui nous aveugle tant... oui, Donnadieu, ce m'est douleur... et plus encore de cette impuissance à indiquer la route qui mène à la Vie...

Je ne sais que vivre. Dieu m'a fait ce cadeau indicible, il m'a donné la vie et la mort ensemble, intimement liées de son amour : je ne sais que vivre et mourir en même temps, à chaque seconde.
Le comprendras-tu ? Je ne le comprends pas moi-même, mais c'est douceur et douleur tant poignantes qu'elles me mènent et me ramènent à lui sans cesse, comme dans un respir, et qu'ainsi livrée à son amour, mon âme se plaint et gémit de n'être jamais toute à lui.

Je me suis égaré :

Claire s'est éveillée. En ces moments où son esprit tente de reprendre possession de son corps, elle est toujours prise de tressaillements douloureux, ses membres s'agitent comme peuplier au vent, elle retient parfois des cris d'angoisse tant son corps s'arc-boute et se tord sans que l'on n'y puisse rien faire.

Je me suis hâté de lui porter secours. La martre s'est écartée d'un bond, puis s'est arrêtée, curieuse, fascinée semble-t-il par les mouvements désordonnés de Claire. Sans doute savait-elle que la pauvre enfant ne lui ferait pas de mal.

A près un petit temps, Claire a repris souffle, m'a souri, et, comme j'écartais de son visage les cheveux qui la faisaient ciller, je restai saisi :

La jolie bête s'était approchée malgré ma présence, se lovait sur ses genoux, jouant avec un lacet de son vêtement d'une patte délicate, à la manière d'un chat. Et quand l'enfant a posé sur elle une main malhabile, loin de fuir, elle se laissa caresser, bousculer un peu par la maladresse du geste, mordillant amicalement les doigts trop fins, toute quiète.

Le rouge-gorge qui vient me faire visite très souvent sautillait tout à côté sans crainte, et soudain, d'une envolée, s'est perché sur l'autre main de Claire. Et l'enfant riait à doux éclats rauques, sans savoir, ou peut-être le savait-elle mieux que moi, que le temps de Dieu, pour elle, était déjà là.

J'ai fermé les yeux, mon frère, j'ai fermé les yeux sur ce qui n'était pas pour moi ! Je sentais contre mon épaule le fardeau que le Seigneur me prêtait, les fins cheveux qui frôlaient ma joue, le doux tressaillement de son rire, et mon cœur priait, mon cœur louait, mon cœur espérait, mon âme s'envolait pour contempler toute beauté et s'abîmait au profond de ma faiblesse, éperdue, et mes pauvres mains d'homme, impuissantes, retenaient le corps débile qui glissait contre moi, veillaient, s'offraient en sacrifice pour épargner le mal à l'enfant tant aimée de Dieu.

Quand j'ai rouvert les yeux, l'oiseau s'était perché sur une basse branche, la martre avait disparu, l'enfant avait glissé sa nuque au creux de mon coude, et me regardait à pleins yeux, gravement, alors je crois que j'ai souri, j'ai caressé sa joue, je l'ai enlevée dans mes bras pour la mener à l'abri de la chaleur.
Il est en moi la certitude de l'amour, comme un joug léger que le Seigneur a fait reposer sur mon cœur. Il n'est plus de place en lui pour autre chose qu'aimer.

Il est tard. Le soir pèse d'un lointain orage. L'enfant joue avec quelques brins d'herbe qu'elle lisse et caresse avec une grâce inattendue. Son corps la laisse en paix depuis quelques minutes, comme souvent au couchant, sans que l'on ne comprenne pourquoi. J'ai en cet instant un peu de nostalgie : j'ai envie d'entendre vos voix, vos rires, le chant de la rivière et le craquement sourd de la roue qui peine sous la chute.

Ici, les grillons se sont emparés du soir, la terre se fend, les pierres du mur sont brûlantes dans mon dos. L'air est tellement sec qu'il en est suffocant. L'eau baisse dans les citernes et les lacs.

Mon frère aimé, en cet instant j'aspire à la fraîcheur de nos vaux, au parfum de la menthe que froissaient nos pas, au creux boueux des chemins dont nous nous plaignions souvent, et pourtant, il est en moi une source claire qui chuchote l'amour au profond de la nuit pour laquelle je suis prêt à souffrir ici mille morts. Il est une évidence, mon besson : le grain peine à mourir même lorsqu'il aspire à devenir froment, et nous sommes tous soumis à cette même loi au creux de notre humanité !

Cependant que je me débats en moi-même, il est en moi les larmes de Dieu. Prie pour moi, je te le demande comme une grâce, afin que je les sache recueillir et offrir comme des cadeaux précieux...

Que notre très doux Seigneur pose sa main sur toi et sur ta femme, qu'il vous bénisse, vous conduise et vous garde dans sa lumière.

Ton frère, tant pécheur que c'en est misère, tant comblé que c'en est merveille.
Qu'elle est grande, la miséricorde de notre Dieu !

Que l'homme connaisse Dieu en plénitude était ton vœu. Mais l'homme connaît surtout la plénitude de la souffrance, de la désespérance... parfois aussi la joie nous emplit dans notre entier, mais c'est si fugitif ! Juste pour nous faire rêver d'elle, de cette parcelle si petite de Dieu qui nous habite; et par une aberration de notre esprit orgueilleux, nous nous prenons pour Dieu le Père, grenouille qui veut se faire plus grosse que le bœuf. Nous nous croyons capables de conduire notre chariot, et nous le faisons verser dans le fossé, tout en criant que ce n'est point notre faute, mais bien la sienne. Tout ne vient-il pas de lui ? Nous crions, nous l'invectivons dans notre colère si juste... je le vois bien mais je le fais quand même... d'instinct humain.

Mon frère, ton âme est si ardente, tison rougi au feu de son amour, que je ne puis te résister. De toi, j'accepte l'incompréhensible, mais toi, accepteras-tu mon inaptitude ?
Frères de sang et de lait... mais toi, frère d'âme d'une enfant innocente, Dieu te répond dès que tu l'appelles, par un cadeau qui te dit tout de lui...
Comme dans toutes les familles, il y a un enfant plus doué, un fils qui peut hériter des biens du père et aussi des responsabilités qu'il a le pouvoir d'assumer. Pourquoi tant de réticences à accepter d'être un fils préféré

puisque le Père connaissait ton excellence ?
ça n'aurait pas été orgueil, mais humilité !
Tu as peu vécu, mais tu vis maintenant dans
le Royaume d'éternité !
Je remercie le ciel et je l'accuse aussi. Je
l'accuse de t'avoir changé en souvenir, si
beau soit-il, mais je le remercie de ce qui
m'habite de toi, tout chaud, en moi.

Frère,

La chaleur ne cède pas. Une torpeur lourde s'est emparée des corps. Les citernes se vident. Nous manquerons d'eau sous peu. La crainte des rôdeurs retient de conduire les brebis à la rivière, mais il faudra bien en arriver là.

Je suis allé puiser tout à l'heure le peu d'eau qu'il me faut. Je songeais alors à tous ces enfants qui s'égarent, tous ceux qui se laissent séduire par le désordre de ces temps et s'enfoncent dans la haine sous couvert de justice.

Il est des moments où je suis tenté.
Tenté de dire à mon beau Seigneur « que fais-tu ? Ne secourras-tu pas tes fidèles ? Et tous ces enfants qui meurent pour la seule faute de leur naissance, ne peux-tu les sauver ? »
Tenté de revenir chez nous pour ne pas vous laisser seuls dans la tourmente.
Tenté de tomber à genoux devant Lui et de pleurer de désolation devant son silence.

Mon âme était troublée. Je m'étais assis auprès du puits tant cette peine m'accablait. Je fixais l'eau qui balançait encore dans la seille, quand je remarquai une fourmi qui descendait au

dedans sans voir le danger. Je voulus alors la faire remonter et la cueillis du bout des doigts, mais malgré toute ma douceur, je ne pus la saisir sans l'affoler, au risque de la blesser.
Et puis je vis. Et je compris...
Mon Dieu, quelle tendresse est celle du Père, et que nos yeux sont donc aveuglés de la vie !

Sur l'eau flottait une petite feuille. Tout occupé de la fourmi, je ne l'avais pas vue. Si, au lieu de me précipiter à son secours, j'avais eu la sage patience de Dieu, j'aurais attendu qu'elle soit saisie par l'eau, puis j'aurais conduit cette feuille au-dessous d'elle, comme un radeau... elle n'aurait pas eu à souffrir de ma bonne volonté.

Ainsi, Dieu agit. Il est éternité, et nous oublions trop souvent qu'il nous introduit à la vie éternelle et non point dans la mort. Comment, dans mon aveuglement, ai-je pu douter de sa bienveillance ? Tout occupé de notre finitude, j'oublie que tout en lui est infini, et qu'il est venu le dire jusqu'au cœur de notre mort...
Combien de fois faudra-t-il qu'il revienne, dans sa tendresse, me rappeler ceci : il est notre Sauveur et la mort ne lui est rien, il ne la voulait pas. L'avant et l'après n'existe que par notre oui ou notre non devant sa main offerte. Nous marchons dans son éternité, et quand mon cœur l'implore et ploie devant sa grandeur, je sais

qu'éternellement, il nous transforme en lui, et que son règne en nous n'aura pas de fin.
Devant tant d'amour, la vie ici ne pèse que pour le servir, toute donnée, toute attentivement présente au monde qu'il aime tant.

Oh ! Dieu, combien de temps faudra-t-il pour que la plénitude de ton amour vienne combler ma peur d'homme ? Verrai-je un jour enfin ta splendeur par-delà la souffrance sans que mon cœur ne se perde d'abord, et ne t'oblige à venir me rappeler à ta vie ? Et quand je touche à la misère du monde, saurai-je tout à la fois la soulager et offrir l'espérance sans mensonge, le seul trésor qui vaille ?
Ce soupir, n'est-il pas celui de chacun de tes aimés ?

Frère, comment font-ils, ceux qui marchent dans la foi seulement... qu'ils sont grands de croire sans voir, et heureux d'aller à lui sans fléchir !

Que te dire de plus, mon aimé, que ceci : le tourment de l'âme n'est pas de Dieu. Par le Corps de notre Seigneur Jésus, le Christ, la douleur de l'humanité devient nôtre, les cris de ses enfants retentissent en nous, mais la paix qu'il nous donne les panse, l'amour qu'il nous partage les sanctifie, l'espérance qui nous habite les vivifie. Il nous est seulement demandé de demeurer en lui, paisiblement offerts et accueillants à la souffrance comme à la joie, et de nous laisser sanctifier par la contemplation de sa sainteté.

Je t'écris du profond du silence.

Il m'apparaît un soir des années passées. Une nuit claire baignée de lune où, selon mon habitude, je marchais, tout plongé dans la contemplation de la sagesse de Dieu dans toutes ses œuvres.

J'étais seul. Je dis, j'étais seul, parce que la présence de notre Seigneur ne m'était pas sensible. Je méditais et priais quand je me vis à l'embranchement de deux chemins. Il me semblait en voir un descendre vers l'obscur, et l'autre aller vers la lumière. La nuit se taisait, moite et bleue.

Quelque aveuglement m'avait saisi, qui m'empêchait de comprendre. J'entendis une voix simple qui me dit : « choisis ».

L'entendement obscurci, je distinguai cependant avec netteté que l'un des chemins était voie d'humanité, et l'autre, tout illuminé d'une divine splendeur. La voix reprit : « choisis ».

Mon cœur a répondu, et il était sincère : je prends le chemin de mes frères.

Ce m'était déchirement car il me semblait renoncer à mon Dieu, et mon cœur pleurait d'amour pour lui, et mon cœur fendait d'amour pour les hommes et murmurait : leur chemin est ton chemin, Seigneur...

Fallait-il que je sois perdu, toute intelligence enfuie, pour ne pas avoir perçu que cette voix était celle du tentateur !
Vrai Dieu et vrai Homme qui a réconcilié en lui nos ténèbres et l'inaccessible lumière du Père, notre doux Seigneur Jésus-Christ est le chemin de toute humanité ! Il n'était de division qu'en mon entendement si prompt à séparer la nuit du jour, la vie de la mort, et l'homme de son Dieu. Plus tard, mes yeux se sont dessillés et j'ai compris. Et j'ai aimé et béni mon cœur d'avoir répondu ce que mon Seigneur espérait, au profond de ma nuit.
Aujourd'hui, la Croix éclate devant moi de la splendeur du Ressuscité.

Je prie pour tous ceux que l'Esprit conduit en ce désert où, souvent, nous tombons du seul poids de nos illusions. Il revient alors, notre Dieu, tendrement, nous relever.

Mon frère, quand le temps du choix est venu pour toi, laisse parler ton cœur et ne crains pas, je t'en prie. Si ton cœur est juste, Dieu se réjouira, et si ton cœur s'égare, Dieu est plus grand que ton cœur.
Par son Nom, parce qu'il est Dieu, parce qu'il nous a créés pour la liberté et qu'il n'a de

cesse que nous ne quittions la terre d'esclavage pour son Royaume, il prendra pitié.

Loué soit-il, le Seigneur, car il est.

Ton frère en tout.

Par temps de guerre, comment se garder de la violence ? Il n'est plus de chemin entre les deux partis et celui du Christ est le plus risqué, ne le sais-tu point ?

Le diable gambille au bal des tourments, à lui la joie en plénitude par les cris déchirants, les regards agrandis de panique des petits enfants, l'affolement des mères. Le Christ est déjà mort pour ça ! Pour le rachat des fautes des hommes, mais tant d'horreurs peuvent-elles être rachetées ?...

Ta vie donnée a-t-elle porté du fruit ?

N'était-ce pas prétexte pour devenir un de ces agneaux qui viennent ici-bas pour parfaire ce travail d'amour ? N'est-ce pas en pure perte, car en l'homme, l'animal parle toujours le plus fort ? Un coup d'épingle, et dessous le policé gicle la cruauté comme purulence d'un mal blanc au bout du doigt.

Tu étais tout amour, et je suis injuste, car tout colère et impuissance ! Et toi, tu me dirais : la puissance n'est pas de ton fait, mais de Lui seul.

Comme tu le vois, je ne puis me résoudre à mon esclavage... Tu gagneras ton pain à la sueur de ton front... : que c'est là petit travail ! En vérité, le corps dans son entier peine tant qu'il en oublie son âme.

Labeur, labeur... et courtes pauses comme rais de soleil entre deux nuages... et cela suffit pour faire germer en nous le rêve d'un grand soleil, comme un drôle devant les lampions de la grand'foire.

Mon frère, tu me manques... tu serais là, je dirais... oui, tu n'as pas vu tous les boiteux de l'amour traîner la jambe avec ta seule main pour les aider sur le chemin caillouteux de la vie. Tu étais si pressé de donner l'envol à ton âme, comme l'hirondelle sur le départ vers les pays où toujours le temps est au beau. Frère, frère... Nous entends-tu encore ? L'âme a-t-elle œil et oreille ? Parle-moi dans mes rêves, toi qui es dans la lumière de ma nuit.

Lettre X

Donnadieu,

Voici bien longtemps que je n'ai pris un moment pour te parler. La tourmente de ces temps nous a rejoints. Mes journées sont pleines des rumeurs de ce monde, l'inquiétude est maîtresse des cœurs, et devant ce mal, ma faiblesse est extrême. C'est dans le plus grand dénuement que je me livre à l'amour, avec ce seul souhait que l'espérance qui nous est offerte transpire de moi jusqu'à la contagion. Il y a tant de détresse, d'orgueilleuse incompréhension, de peur nue dans l'âme de certains que mon cœur en est fendu de compassion, et tout en même temps brûlé de l'exigence du Christ.

Mes nuits sont alors haletantes, tant le désir de son règne est grand, tant ce feu dont il est venu embraser la terre me dévore comme menu bois, tant je crie vers lui la douleur de son peuple, en pleurant d'un même trait cette vérité si simple de la conversion.

C'est un mot si pauvre, dénaturé par force, usé jusqu'à vomir du mal qu'il a autorisé. C'est un mot si simple : je me tourne vers... Combien de fautes nous seraient épargnées si nous ne détournions pas si souvent le regard de notre Dieu. Nous baissons les yeux, nous voyons nos pieds, les embûches du chemin, le mal du monde, le bien du voisin, et nous basculons au désert encore, non point du fait de son amour, mais de notre seul fait. Et nous tournons, nous jalousons et nous lamentons, nous crions à l'injustice, nous menaçons, nous nous armons...

Oh, si nous levions les yeux, ne serait-ce qu'un instant, vers la splendeur de sa Face... notre bras retomberait sans force... Caïn, que fais-tu ? Que remues-tu dans ton cœur ? Lève la tête ! Regarde ton Père : que médites-tu dans ton cœur ? Ne vois-tu pas que l'amour te regarde, qu'il t'appelle, qu'il s'offre lui-même dans son Fils, en expiation de la faute qui te lie ? Ne vois-tu pas que, déjà il rachète ton péché avant même qu'il ne soit commis, pour que tu sois libre ? Libre de nous tourner vers lui...

D'abord de nous tourner vers lui...

Ensuite de revenir à lui. Ce n'est pas la même chose. Et puis tout au long du chemin, à chaque instant de notre vie, de nous tourner encore et encore parce que nos yeux ont glissé, attirés que nous sommes par le mouvement des apparences...

Et puis nous laisser manier par lui, anéantir par lui... je te sens sursauter...

Nous n'aimons pas le néant. Nous ne l'entendons qu'en termes de vide, de perte, d'oubli, alors même que nous ignorons ce qu'il est, tout comme nous ignorons l'éternité ou l'infini : tout en nous est plein jusqu'à l'encombrement, tout en nous est fini, tout en notre monde est mortel.

Quand je te dis l'anéantissement, je te dis très simplement la plénitude de la présence de Dieu en nous. Nous sommes trop pleins de nous-mêmes, mais par instant, dans un silence de son amour, il est plénitude en nous. Il n'y a plus de plein, il n'y a plus de finitude, il n'y a plus de mort. Il est, et tout notre être épousé de sa présence est enfin vivant, présent, attentif au monde. Non point annihilé, dissout dans sa grandeur, mais transfiguré par sa grandeur. Une seule chair.

Au matin, j'ai célébré la messe au village. Et en laissant l'hostie fondre en moi, j'entendais ces mots : « Lumière née de la lumière, vrai Dieu né du vrai Dieu, engendré et non pas créé, de même nature que le Père... »

Par le Christ, parce que nous sommes un même être avec lui de par notre baptême, parce que nous mangeons sa chair, parce que nous buvons son sang, nous participons de sa nature. Et plus nous participons de sa nature, plus nous devenons hommes et femmes. Plus nous sommes anéantis en son amour, plus il nous conduit à habiter notre humanité. Notre doux Seigneur est vrai Dieu et vrai homme, et il lui

plaît de nous partager pleinement sa divinité au travers de sa présence en notre humanité.
Simple et éclatant mystère !

Pourquoi faudrait-il l'expliquer ? Qu'avons-nous fait pour nous cacher de la pureté de son regard ? Oh ! frère, mon jumeau, pourquoi refusons-nous ce cadeau qu'il nous fait de sa pureté ? Marie nous montre pourtant chaque jour comment la recevoir et, sous ce regard, nous découvrir uniques, précieux. Nous découvrir pauvres, blessés, souillés. Nous laisser laver. Nous laisser revêtir enfin de la robe de noces, blanchie dans le sang de l'Agneau. Nous laisser épouser...

Béni soit son Nom.

Je crains les fous de Dieu. Je crains les rêveurs de Dieu. Je crains tous ceux qui refusent la douce humanité de notre Seigneur, et la leur avec. Je crains leurs inconsciences, leurs duretés, leurs indifférences. Je crains mon inconscience, ma dureté, mon indifférence. Je crains que souvent, le malheur ne nous pousse à fuir en Dieu, à nous y réfugier, à nous l'inventer. Et j'ai mal. C'est une douleur poignante qui me jette aux pieds de mon Seigneur, misérable, éperdu à l'idée de le défigurer, éloignant de moi toute image, toute consolation, et balbutiant pauvrement : « Toi seul... Toi seul... »
Tu ne reconnaîtrais pas ton frère, alors. Ni plus qu'ensuite, quand, dans sa miséricorde, notre

Seigneur me saisit tout entier pour me conduire
là où son cœur ardent murmure : Je suis.

Il est.
Mon Seigneur et mon Dieu.

Sois béni, mon frère, de suivre son
chemin chaque jour : rien n'est et ne sera alors
plus grand que ta vie, dans sa simplicité.

Mon frère, il est vrai, je ne puis te reconnaître au travers de ce que tu me dis dans ces plis. Je n'ai pas connu ce germe en toi qui a si bien poussé, germe d'une fleur rare au parfum si violent et si doux à la fois. Devant ces lettres d'amour dédié tout à Dieu, devant cette immensité que tu me révèles, je suis sur le seuil d'un monde merveilleux où je ne peux entrer. Je ne sais pas la parole qu'il faut.

Je l'entr'aperçois, ce monde, comme l'image que reflète le pichet d'étain, brillante et incertaine, le silence dans la bouche et le corps, dans l'attente du chasseur à l'affût, le regard en lame derrière les paupières quasi closes.

Tu as pénétré le mystère. Tu as retrouvé ton pays, comme le voyageur ébloui qui, revenant après une longue absence, reçoit de plein fouet tant de sensations oubliées. Je suis sûr que tu venais de là-bas. Ici, tu n'as fait que passer pour nous dire, nous montrer, nous inciter, semer en nous un désir plus grand que nous.

Trop de lumière aveugle, trop d'amour anéantit. Je me sens disparaître face à qui me voit sans que je puisse lever les yeux sur lui. Je suis l'humus de la terre, rien de plus...

Je t'imagine ce jour, apparaissant au détour du chemin creux, mon oreille s'éveillerait à ton pas, mon œil à ta démarche, mais ce frère qui vient à moi, quel homme est-il ?

Tu serais assis sur le banc, face à moi, je te regarderais manger la soupe odorante, boire le clairet, tracer la croix au dos du pain avant de le tailler, et je te verrais pareil et autre, un d'ici et un d'ailleurs, de si loin, là-bas.

Ce creux en moi, c'est le manque de toi. Ma tête sait l'absence, alors que toujours mon cœur espère...

Bien aimé,

Pardonne mon silence. Je t'écris du doux temps de l'avent. Doux de toutes les manières : l'attente secrète de notre Seigneur à la crèche est un temps béni, et l'arrière-saison a basculé de la pleine pluie à un vent tiède qui affole la nature. Les fraisiers sont en fleur au bord des chemins, et l'on sent aux bourgeons la vigueur d'un printemps.

Si je n'ai pas repris ma plume plus tôt, ce n'est point l'oubli qui en est cause. Ma prière te rejoint chaque jour, et mon amour pour vous tous. Non, c'est Dieu qui retient mon âme captive. Je vis et m'active sereinement, comme épuisé, au sens où il me semble être puisé hors de moi-même.

Te souviens-tu de ces nuits où nous montions au rocher des moulins pour voir le soleil toucher l'horizon. Pour nous, il était déjà présent bien que nous nous rendissions à sa rencontre. L'obscurité nous était claire comme une aurore alors que nous n'y voyions goutte, et nous marchions assurément sur des chemins creusés du pas des mules. Et puis nous restions en silence à contempler le lent dévoilement de sa splendeur, appuyés l'un à l'autre.

Je vis dans une semblable nuit. L'hiver tend à replier les voyageurs au fond des maisons, je me rends parfois à la Lande, l'enfant m'accueille toujours avec beau sourire, mais depuis peu, quand je me prépare à repartir, elle touche mon visage de ses mains pâles, légèrement, comme si quelque peine l'y poussait. Elle frémit alors, et semble me supplier de rester. Son frère me dit son angoisse quand je m'éloigne, au point qu'il la porte dans l'alcôve, devant l'image de notre doux Seigneur. C'est là le seul endroit où elle semble s'apaiser un peu...

Je vis donc plongé dans une solitude bénie, dans l'état que je te disais plus haut. Je ne sais à quoi comparer cette heure. Il n'est point de mot convenable. Je prie hors de moi, je chante l'office avec les oiseaux, je pleure mes fautes sans larmes, il n'est en moi que paix, silence et espérance. Rien ne me pèse, rien ne me trouble ou ne m'agite, et quand je songe à l'absence apparente de mon Seigneur, monte du fond de moi un sourire plein...
Il me paraît que l'ombre de la tendresse de mon Dieu m'a plongé en cet état, et que notre doux Seigneur retient en Lui mon âme...

...J'ai laissé cette lettre en l'état depuis quelque temps. Le silence était trop grand, les mots m'échappaient. Je ne pouvais rien te partager : je n'avais à t'offrir que des faits menus, les lichens éclaboussés de lumière, les mousses gorgées d'eau au creux des sous-bois, la beauté du causse et des hommes. Tu vas me rétorquer que c'est merveille selon mes propres termes et tu auras raison, mais que puis-je te dire quand ma vie n'est plus : toute la beauté de la création ne peut me la rendre, et si mon œil s'émerveille encore, si mon cœur se réjouit ou pleure avec mes frères, au profond de moi il n'est qu'agonie. Je marche alors dans le doux gris du causse, tout enlevé de désir et pleurant de souffrance tant ma soif de mon Dieu est grande. J'ignorais la soif avant ces jours-ci. Elle me laisse sans substance et sans force.

> *« En moi ne vis plus et sans Dieu vivre ne puis,*
> *et puisque sans lui et sans moi reste,*
> *cette vie, que me sera-t-elle ? »*[*]

Mon besson, je ne puis recevoir la vie que de lui et je lui donne tant la mienne qu'elle n'est plus : Il l'a ravie.
Que peut être ma vie ?

Je comprends si bien jusque dans ma chair les mots du poète : « je meurs de ne pas

---

[*] Saint Jean de la Croix.»Vivo sin vivir en mi"

mourir »... Si mon Seigneur ne me prête vie dans son infinie miséricorde, après ma mort je mourrai encore de ne point mourir à mon péché, de ne point vivre tout entier de sa vie, de ne point accueillir en moi l'éternité de son amour.
Je ne puis rien, mon frère, si ce n'est m'abandonner davantage à sa grâce, et implorer encore, à mi-voix, rompu, Seigneur, prends pitié...

Pas à pas, puisé chaque jour davantage à moi-même, je vis de mourir en son amour, et je ploie, et j'implore... Et dans sa bonté, il envoie son Souffle alors que je succombe, juste assez pour que j'avance plus loin, que le manque me broie plus finement, plus purement.

Et soudain le silence ! Le temps arrêté, suspendu à ce Souffle !
Dieu ! Quel repos ! Tant d'invisible beauté, la seule qui vaille... un instant, Il a pris pitié, et je respire... Il se reçoit lui-même en moi et je vis...
Ma vie ne sera qu'en ce jour où sa grâce m'éloignera de mes péchés parce qu'il s'aimera lui-même en moi sans que je m'y oppose, et s'établira en Sa demeure.

Mon frère, mon aimé, comment ne pas se livrer à Son amour ? Il n'est de vie qu'en lui : sa vie donnée pour la mienne, pour la tienne, de tout temps...

Dans ces temps de silence, j'expérimente comme jamais la proximité de l'Église tout entière, davantage qu'au plus étroit de ma vie communautaire. Sa prière me traverse comme une vague, et il n'est pas un jour où je ne sache la présence des anges et des saints à mes côtés quand je chante la louange de Dieu.

L'éloignement, la solitude, m'ont immergé dans la grande communion de l'Église invisible plus sûrement que les beaux offices de notre communauté. Ma prière offre chacun de mes frères avec tendresse à notre Père, très souvent par les mains de Marie : qui pourrait mieux qu'elle présenter leurs besoins à la miséricorde du Seigneur ?

Ainsi, lors que je vis hors de ma vie, l'Église me porte et me garde de tout errement et de toute séparation. Jamais sa maternité ne m'est apparue plus nettement. Par la grâce de Dieu, elle se fait dispensatrice de sa miséricorde pour moi au loin des hommes, — et si cela m'est aujourd'hui une évidence, c'est vrai pour toi et pour chacun également —, par sa prière et l'offrande constante qu'elle fait d'elle-même à son Dieu, au-delà de son péché. Elle est le choix de Dieu pour nous, son Epouse et son Corps, et par-delà la faiblesse de ses membres, elle demeure par grâce une et sainte, à chaque instant ré-enfantée dans sa pureté première par Marie, la toute pure, la toute simple, la toute donnée... notre Mère.

Le Corps de notre doux Seigneur...crucifié...
Je ne suis pas innocent du mal du monde. Je n'en
suis pas séparé.

Parce que Dieu nous saisit tous dans Son
amour, bons ou mauvais, quand je juge, en Dieu
c'est moi que je juge, quand je tue, en Lui c'est
moi que je tue. En son Corps, je ne suis pas
séparé de mon prochain, en son Corps, les
larmes de mon frère sont mes larmes, sa joie est
ma joie, son péché est mon péché, sa louange est
ma louange...

Tu aimeras ton prochain comme toi-
même... faut-il que nous soyons aveugles pour
ne point voir qu'il nous rappelle par la douceur
de son commandement à la simple
reconnaissance de la vérité, non point celle que
nous pouvons saisir sous une multitude d'angles
comme on approche un paysage trop vaste pour
un seul regard, mais la sienne, une et inaltérable,
qui est amour.

Quand, Seigneur, quand l'homme
comprendra-t-il qu'il est en toi, que ses meurtres,
que ses haines, que ses détresses lacèrent ton
Corps, que le feu et le sang de la guerre le
déchirent ! Quand ? Jusqu'à quand le sang des
martyrs offert pour le tien devra-t-il couler pour
présenter leurs bourreaux à ta miséricorde ?

Oh ! mon besson, je me voudrais tout
brûlé du désir de la justice de Dieu et de sa vérité,

non point pour l'appliquer au monde mais pour la recevoir en moi, au creux de ma misère, que soient écartés mes oppresseurs, ceux qui me gardent otage de mes propres péchés et ajoutent ainsi à la douleur de mon frère, ceux qui encombrent et ruinent la demeure de mon Roi.

Je me confie à ta prière et à celle de ta femme. Implore pour moi notre Seigneur, qu'il me passe au creuset, que le feu de son amour incendie en moi toute trace de complicité avec le mal, qu'il ne laisse qu'un petit reste, celui de son désir, qui lui soit donné sans partage. Dis-lui que je me remets en ses mains sans crainte et sans rien retenir de moi, dis-lui... mon frère, dis-lui qu'il est tout, que je ne suis rien, et que ce rien se meurt s'il ne lui donne vie...

Dis-lui ce que j'oublie, ce que j'ignore, ce que tu vois. Dis-lui ce que Son Esprit te souffle. Il t'écoutera, je suis sûr qu'il t'écoutera.

Que la grâce de notre Seigneur repose sur vous deux.

Mon frère, tant de peine dans cette lettre m'anéantit... Ne peut-on mesurer l'amour de Dieu qu'à cette aune ?
Tu es devant moi, tout souffrant, recroquevillé, lacéré... Quand je te lis, je me sens marcher dans le roncier, je me débats, mais les ronces m'agrippent et le sang perle à ma peau, j'en suis accroché, déchiré. Je ne savais pas que l'amour de Dieu était si grand tourmenteur, et là, j'accepte que tu ne sois plus, c'est épine dans le cœur. Elle me meurtrit dès que faiblit le jour, quand la nuit pose ses gris sur les lointains et du noir dans les creux.

Frère, tu as glissé de moi comme la truite entre les doigts mouillés; d'elle, je n'ai saisi que le brouillé de l'eau, de toi le brouillé de ton amour pour moi.
Mon frère, quelle prière puis-je faire pour toi qui as vu son souhait exaucé ?
Il est une prière en moi, elle vit avec mon souffle. Pas de mots. Seulement toi en moi, toi fait prière...

Donnadieu,

Le temps est d'une douceur inquiétante. Quand le gel devrait assainir la terre, un vent tiède vient essuyer la pluie fine qui baigne des bourgeons trop précoces. La vigne s'en émeut lors qu'elle saurait sommeiller encore, les prés verdoient et l'on voit aux oiseaux une activité qu'ils pourraient regretter : il n'est pas l'heure des nids. Mais n'entendis-je point à la Noël un rossignol chanter !

La saison semble aussi troublée que les hommes. Nous devons, plus encore qu'à l'accoutumée, puiser nos actes à la contemplation de notre doux Seigneur, et non point l'inverse : cette volonté que l'on dit bonne est parfois bien inconséquente, et si nous ne nous laissons conduire par l'Esprit-Saint, nous risquons bien souvent de nous fourvoyer dans l'élan de notre générosité.

Plus encore que d'habitude, nous devons chercher d'abord dans le silence et l'adoration la source de nos œuvres. Les choses n'en seront pas nécessairement plus évidentes, mais Dieu nous conduira au cœur de notre nuit avec assurance, j'en ai très souvent eu confirmation, et toi aussi, je le sais. Nous serons ainsi plus sûrement ouvriers de son désir, parce qu'il pourra disposer de nous avec un peu de liberté.

Hier, un homme est passé. Il m'a trouvé en prière, auprès du lac, il pleuvait un peu, je crois.

Il est resté avec moi. Il avait faim, il avait froid, la terreur avait volé son âme...

Mon frère, je prie pour que nous ne soyons jamais réduits à de telles extrémités. Cette peur s'est emparée de son âme, de son cœur, pour le conduire au reniement et au crime...

Elle n'est point tant la peur de la mort que la peur de Dieu. Peur de le voir de face. Les prophètes nous le confirment, nous ne pouvons le voir que de dos. Mais faut-il donc ramper par-derrière, comme des voleurs, pour nous protéger de lui alors que dans son Fils, il a dévoilé son visage, il s'est retourné, il s'est donné ?

S'il a abrité Moïse dans la fente du rocher, ne nous appelle-t-il point en sa bien-aimée au Cantique : « ...lève-toi ma bien-aimée, ma belle... ma colombe cachée au creux des rochers, montre-moi ton visage... »[*] et notre doux

---

[*] Ct de Ct.

Seigneur lui-même n'a-t-il pas dit à Philippe : qui m'a vu, a vu le Père... »[*] ?

Mon frère, cet homme accablé qui sommeille près de moi tremblait de sa mort, et par là le serpent l'a rejeté en sa genèse. La mort est entrée dans le monde avec la chute, et elle nous est tentation : dès lors que Dieu nous cherche pour notre salut, nous nous cachons, nous accusons, nous nous séparons, tremblants devant une justice que nous croyons implacable. L'accusateur rit : nous suffisons à notre malheur, alors que le Bien-aimé est venu sauver ce qui était perdu : c'est bien là le parfait accomplissement de sa justice.

La grâce de Dieu seule pourra apaiser le cœur de ce frère.
Je puis l'héberger et l'aider à quitter ce pays.
Je puis offrir de l'entendre en confession, s'il le désire, et se laisser réconcilier.
Je puis offrir ma vie pour lui. Il est mon fils par la grâce que le Seigneur m'a fait de le servir comme prêtre. Qui ne donnerait sa vie pour son fils ? Qui ne donnerait tout pour que notre Père retrouve l'un de ses enfants ?

Si le Fils tant aimé est venu s'offrir lui-même sur la Croix, ce n'est pas pour que nous demeurions en exil, au loin de Son amour, mais bien pour que nous participions enfin de sa

---

[*] Jean 14

nature, et par sa Résurrection, que nous revenions dans les bras du Père.

Et que puis-je faire d'autre, mon frère, que me laisser saisir et le suivre avec pleine joie, tout abandonné en sa volonté, là où il me mène, là où il m'espère.

Que puis-je faire d'autre que me livrer tout entier à son amour ?

Mon aimé, que le Seigneur te bénisse et te garde, et qu'il te dévoile la splendeur de sa Face. Ton frère en tout.

Je me demande ce que vivent maintenant tes tourmenteurs...
Le don de ta vie va-t-il fait d'eux des hommes vrais devant cet acte qui leur disait : « voyez ce que vous êtes et voyez ce qu'il est, lui... »

Ta mort me fait un mal de néant.

Je veux une preuve, vois-tu, une preuve de l'amour de Dieu pour toi, pour nous.
Je passe de l'incertitude à la certitude de l'espérance, puis à une foi branlante, mon âme est dans une charrette qui la brinquebale en passant dans les ornières creusées par les pluies.
Je fuis le repos pour échapper à tout ceci.
Viens à moi, mon frère et dis-moi le ciel en paroles de silence.
Je t'entendrai dans le fragile. Celui du matin à son lever, du regard tendre du chien quémandant la caresse, du pépiement craintif du poussin qui suit sa mère, du frémissement des pétales sous la risée...
Dans ma naïveté, je croyais que Dieu était joie... serait-elle d'une autre nature ?

Lettre XIII

Frère,

Je ne sais quelle hâte me saisit de t'écrire. Ce m'est un ouvrage quotidien. Dans le pâle des jours et au soir tombant, quand s'étirent à l'ouest les nuées ardentes de nos soleils, je prie et j'écris. Je t'écris. Il est temps peut-être de combler ces années de silence, de répéter mon amour pour vous tous, et ma tendresse, de te rejoindre, toi, précisément, comme si cela avait quelque importance de te partager mon chemin vers sa lumière.

Ce chemin est le mien, le tien est autre. D'une même histoire, notre Seigneur a fait naître deux rejets, l'un tout donné à la vie du monde, œuvrant à féconder et magnifier sa création dans la joie, et l'autre... que puis-je te dire ? Jaloux est son Nom... je ne connais plus grande joie que celle de le servir...

Je t'aime, mon frère, et je t'admire. Je me sens devant toi comme impuissant, le jaillissement de ta vitalité me déborde encore, et cette belle action qui naît de toi comme source dès que tu touches à la matière, cette ardeur à servir ton Dieu au travers de la vie pleine, ton rire, ce grand rire blanc qui me manque parfois, et tes mains qui se joignent pieusement pendant la messe, cet air de sérieux timide qui est tien à

l'approche des saints mystères, et ton regard bleu de malice soudain, dans l'ombre, parce qu'une araignée danse sur le visage d'un saint empoussiéré... Avons-nous ri ensemble !
Les fruits de ton être doivent réjouir la création entière et le cœur de ton Seigneur !
Mon inutilité m'apparaît si bien. Peut-être porté-je des fruits que j'ignore. Plus sûrement ai-je oublié d'en porter, parce que je n'en connaissais pas la nature.

J'ai envie de te conter une histoire courte, un peu comme une image peinte en mon cœur depuis quelques jours, je ne sais pas pourquoi.

Vois un chemin. Un long chemin de poussière et de pierre blonde. Au bout du chemin, un puits, dans un paysage aride, de longues tables rocheuses coulées de lumière, de la lavande, du thym, des fleurs menues blotties en touffes claires au creux de la roche. Vers la gauche, le plateau ploie et s'emplit de terre rousse, de hauts murs enserrent une vigne féconde, taillée et rangée, où l'on s'active.
La lumière ruisselle sur les jeunes grappes et les baigne. Patiemment.

Le maître de la vigne passe souvent sur le chemin, avec sa mère. Il veille, il conseille, il étend sa vigilance à chacun, et à chaque cep. Nul n'est oublié, il n'est pas une grappe qu'il ne remarque et qu'il ne soigne lui-même quand les ouvriers sont occupés ailleurs. Sa mère l'accompagne, apporte à boire et à manger aux ouvriers, les écoute, les console, porte leurs doléances à son fils.

Au soir, ils restent souvent à parler au puits, puis ils prennent le chemin du retour.

Au bord du chemin, il y a une vigne sauvage, qui donne du petit grain pour les oiseaux. C'est là toute sa vocation, offrir un peu de nourriture et une ombre fraîche. Elle a poussé seule, on ne sait trop comment, dans la pierre. Il y avait du soleil, et comme elle l'a vu, elle a grandi vers lui parce qu'elle espérait sa clarté.

Elle regarde passer le maître de la vigne et elle l'aime : jamais il ne manque de s'arrêter auprès d'elle et de lui parler doucement. Son regard est soleil, sa parole est pluie bienfaisante, ses mains la guident vers plus de lumière, plus de chaleur, et parfois il rit, il cueille les grains petits et acides qu'elle offre aux oiseaux, il dit : « ils apaisent ma soif », il s'assoit à son ombre et se repose enfin, et elle étire ses sarments, elle appelle la brise, elle veille sur son sommeil... Et quand il s'éveille, il sourit, il laisse les feuilles étroites effleurer son front, il dit aussi : « tu es un temps de ma liberté »...

Elle l'aime. Elle est sienne, la sauvage, parce qu'elle s'est donnée pour rien. Personne ne l'a plantée, personne ne l'a taillée, et là il rit encore : c'est moi qui t'ai plantée pour moi et pour les oiseaux, pour mon repos... pour rien d'important. C'est elle alors qui rit.

Quand il ne vient pas, sa mère verse sur la pierre un vase de l'eau du puits, fraîche et vivante, et la pierre la boit. Il en reste toujours un peu dans un creux, pour le bain des oiseaux. La vigne pose son ombre là, exprès, et l'eau demeure.

Un jour s'est levé un vent ardent en tourbillons. Il a balayé le plateau, brûlant la pierre et les fleurs claires. Les murs ont vacillé, le soleil s'est fait de feu, la terre a craquelé, les oiseaux se sont enfuis. Les ouvriers ont manqué à la vigne parce qu'ils étaient saisis dans cette tourmente et cherchaient à s'abriter. Ils n'avaient pas tous vocation de martyrs. La belle vigne tremblait en son clos, les grappes trop lourdes séchaient sur pied, les feuilles jaunissaient. Toute l'eau du puits était pour l'irrigation, mais le vent furieux la buvait largement au passage. Le maître de la vigne avait prévenu, il avait appelé, mais les ouvriers n'avaient pas entendu, alors il était là, il travaillait comme chacun. Parfois, il levait les yeux sur la vigne de son repos, il lui souriait de loin, et elle frémissait, vaillante, elle pensait à lui, elle l'aimait d'autant plus qu'il ne venait plus vers elle, sa mère non plus, il n'y avait plus d'eau pour elle.

Le vent avait balayé ses feuilles et le petit grain noir qu'elle offrait aux oiseaux : elle était nue, ses sarments s'étiraient sur la pierre, dans leur faiblesse, mais elle souriait toujours au maître. Elle l'aimait. Il savait cela.

La belle vigne souffrait. Les grains fripés s'embuaient au froid de la nuit et perdaient leurs dernières forces. Les ouvriers désertaient parce que l'ouvrage était trop dur : ils étaient peu nombreux, les nuits étaient trop froides et les jours trop brûlants. Beaucoup s'en allaient.
Le maître les regardait, il leur remettait leur salaire, et même davantage. Il les bénissait.
Un matin, il est monté jusqu'au chemin, il s'est avancé vers la vigne sauvage, il s'est agenouillé devant elle, il a touché les sarments amaigris, il a dit : « veux-tu ? » Il la regardait, elle était libre, elle avait le choix, elle a dit oui. Alors, d'un coup, il a tranché le cep.

Mon frère, de son cœur a jailli une eau pure et un soupir. Jamais la source n'a tari. La belle vigne a mangé la vie de la vigne aux oiseaux. Les grappes fripées ont gonflé à nouveau.
Cette vie n'était pas pour elle, elle venait de lui, elle était pour lui.
Elle n'était rien d'important.

Quand il passe sur le chemin, il sourit. Il voit l'eau jaillissante, il en boit parfois, puis il s'éloigne avec sa mère.

Mon frère, je ne puis te dire plus. Prions ensemble notre Seigneur de nous accorder la grâce d'un oui sans condition au jour de son besoin.

Que la vie de notre Dieu soit source de votre fécondité à tous les deux,

Ton frère en tout.

Mon frère, quel beau conteur tu étais.
Ce conte, c'était une parabole à Sa façon...
ainsi tu étais prêt, l'Esprit-Saint était
descendu sur toi et t'avait annoncé la
nouvelle comme au temps de Marie qui sut
ainsi qu'elle allait enfanter.
De ton sang versé allait naître une source
pour abreuver les assoiffés d'amour qui
entendraient ton histoire.

Mon besson, ton souvenir me brûle, comme
brûlait à la gorge le vin cuit des veillées : la
mère y jetait un clou de girofle acheté au
colporteur qui fait sa tournée chaque été.
Cette année, il n'est pas passé.
Mon enfance meurt avec toi, comme la figue
mûre s'écrase mollement au pied de son
arbre.
Ai-je existé avant ce moment-ci ?
C'était un autre qui était deux.

Ce matin, j'ai enfoui mon visage dans les
grappes du lilas. Une sorte d'ivresse m'a pris,
le corps alourdi de son parfum. Paupières
fermées, temps arrêté.
Sur ses morts la terre se tait.

Je ne t'appellerai plus, je te rends au silence.
De ce moment d'absence je me suis éveillé.
Le soleil naissant promettait une chaude
journée, le ciel dégagé, les arbres nets, tout
était propre. C'était le premier jour d'un

homme fait, une cicatrice en croix sur la poitrine.

À Dieu, frère. Le jour où à mon tour je partirai, viens cueillir mon âme, dans le Jardin, tu sauras où la planter.

Frère,

Le temps approche où je ne m'appartiendrai plus en rien. Je ne sais d'où je le tiens, mais c'est ainsi. Ce m'est aussi évident que le lever du soleil au matin. Peut-être est-ce cela, l'espérance. Ce présent de l'amour, ici où l'on semble être voué au doute et à la pesanteur de la matière. Le soleil se lève déjà quelque part, il se lèvera pour moi très bientôt, et quand ses rais me toucheront, je serai tout à lui.

Déjà, mon doux Seigneur remplit mon cœur, il captive mon âme... Ce jour où nous le verrons face à Face, tel qu'il est, l'Apôtre dit que nous lui serons semblables. Je ne sais pas. Je ne crois rien. Je n'espère rien en termes d'homme.

Ce jour-là, le soleil de justice sera tout, mon frère, je suis sans... sans rien qui se puisse exprimer. Il n'est point en moi de sentiment, d'émotion, de désir, de pensée. Il n'est point en moi de manque. Il n'est que grand silence où je puise les mots qui vont vers toi. Il me faut faire effort pour écrire tant la plume pèse, tant mon âme est ravie, il me semble que mon cœur même cesse de battre. Ma vie est entrée par la Grâce de mon doux Seigneur en un temps suspendu à son Souffle, et attend.

J'attends.

L'obscurité resplendit ici à l'égal de la lumière, le feu se marie à l'eau et se fait source vive, le silence est vivant, il n'est plus qu'amour. Il n'est plus que présence et absence tout en même temps.

J'entends au-dehors de moi la rumeur du monde, il pleut doucement, la tiédeur du jour a invité les chants du printemps. Quelques tisons brasillent à petit bruit près de moi. Je les sais.

Je ne puis que me taire. Ce jour est donné au silence...

Concots, février 2001.

LES AUTEURS :

Franc-comtoise d'origine, **Mireille Felix** vit depuis l'enfance une profonde communion avec la nature. Écrivain et iconographe, elle explore au fil de ses romans la beauté et la simplicité de la vie. Son premier roman, "Arie", a reçu le Prix Comtois du Livre en 1998. Elle vit actuellement dans le sud-ouest de la France.

Mireille Challier vit à Nantes. Elle s'est glissée avec délicatesse dans cette correspondance pour un échange de coeur à coeur

"Jaloux est son Nom" est traduit d'une expérience spirituelle authentique, et la profonde amitié qui unit les auteurs a permis une écriture à deux voix cohérente et sensible…

DU MÊME AUTEUR :

Spiritualité

Chants

Psaumes emplis d'amour, de douleur et d'ardente attente, "nous le savons, jusqu'à ce jour la création tout entière gémit dans les douleurs d'enfantement…" Romains, 8, 22, ces chants sont un appel vibrant à l'éveil de l'humanité.

Romans

Arie

En Franche-Comté, il existe un personnage bienveillant, la tante Arie, fée ou vouivre, c'est selon… En remontant au XIIIème siècle, à la source de la légende, j'ai rencontré une femme et un roman est né, tout imprégné des lieux où elle a vécu.

Bleu comme Anna

"Avec Bleu comme Anna, Mireille Felix avance avec audace sur le territoire incertain qui sépare l'ombre de la lumière. Au fil des pages, elle sublime le deuil et la souffrance en dévoilant le don merveilleux de la vie." GabriAndre

Rond-point

Un espace favorable, un temps clos, et d'autres chemins se dessinent à la faveur de rencontres intimes et vraies. Voici tout le sujet d'un roman qui invite à la vie…

Dépôt légal : juin 2016
ISBN : 979-10-9633-110-9
© Felix Mireille 2016